Análisis y actuaciones en diferentes contextos de intervención

(salud y sexualidad, educación, ocio, deporte, conciliación de la vida personal, familiar y laboral, movilidad y urbanismo, y gestión de tiempos)

Análisis y actuaciones en diferentes contextos de intervención

(salud y sexualidad, educación, ocio, deporte, conciliación de la vida personal, familiar y laboral, movilidad y urbanismo, y gestión de tiempos)

Vanessa Viqueira García

Paraninfo

Análisis y actuaciones en diferentes contextos de intervención
© Vanessa Viqueira García

Gerente Editorial
María José López Raso

Equipo Técnico Editorial
Paola Paz Otero
Sofía Durán Tamayo

Editora de Adquisiciones
Carmen Lara Carmona

Producción
Nacho Cabal Ramos

Diseño de cubierta
Ediciones Nobel

Preimpresión
Ediciones Nobel

Todas las marcas comerciales mencionadas en este texto son propiedad de sus respectivos dueños. La editorial ha realizado todos los esfuerzos posibles para poder citar fidedignamente las fuentes del material gráfico reproducido. Si se hubiera producido alguna omisión, pedimos que nos hagan llegar por escrito la solicitud correspondiente para subsanar el error en futuras ediciones.

COPYRIGHT © 2025 Ediciones Paraninfo, SA
2.ª edición, 2025

C/ Sierra de Guadarrama, 35. Naves 2, 3, 4 y 5
Polígono Industrial San Fernando II
28830 San Fernando de Henares, Madrid

Teléfono: (+34) 914 463 350
clientes@paraninfo.es / www.paraninfo.es

ISBN: 978-84-283-6924-4
Depósito legal: 1517-2025
(30.542)

Impreso en España / *Printed in Spain*
Liberdigital (Casarrubuelos, Madrid)

La editorial recomienda que el alumnado realice las actividades sobre el cuaderno y no sobre el libro.

*Pies, para qué los quiero
si tengo alas para volar.*

Frida Kahlo

Célebre frase de la pintora mexicana escrita en 1953,
un año antes de su muerte.

La anterior cita hace referencia a nuestra
potencialidad interior.

Creer en nuestras propias posibilidades nos conduce
a alcanzar destinos que creemos imposibles.

Índice

3. Establecimiento de procesos de información y sensibilización sobre el trabajo no remunerado en el ámbito doméstico y de cuidados 79

4. Aplicación de acciones en materia de salud y sexualidad, educación, ocio, deporte, conciliación de la vida personal, familiar y laboral, movilidad y urbanismo y gestión de tiempos con perspectiva de género 103

Introducción normativa

La Ley Orgánica 3/2022, de 31 de marzo, de ordenación e integración de la Formación Profesional, contiene una disposición derogatoria única que afecta a la regulación de los certificados de profesionalidad, ahora denominados **Certificados Profesionales.** La referida normativa deroga la Ley Orgánica 5/2002, de 19 de junio, de las Cualificaciones y de la Formación Profesional, y abre un escenario de cambios que se irán implementando progresivamente.

La Ley Orgánica 3/2022, de 31 de marzo, de ordenación e integración de la Formación Profesional implica que toda la formación es acumulable. La oferta formativa se estructura de forma escalonada, siendo los Certificados Profesionales un nivel intermedio (Grado C) de una escala que va desde el Grado A hasta el E.

En los artículos 35 a 38 de la Ley 3/2022 se describe en qué consisten estos Certificados Profesionales: su oferta, formación asociada, estructura, duración, acceso, titulación y validez. Posteriormente, esta normativa se completa con lo dispuesto en el Real Decreto 659/2023, de 18 de julio, que desarrolla la ordenación del sistema de Formación Profesional. Concretamente en los artículos 67 a 81 es donde se hace referencia a la oferta formativa de Grado C, correspondiente a los Certificados Profesionales.

Están agrupados en 26 familias profesionales con características comunes del sector. En la actualidad hay más de medio millar de Certificados Profesionales incluidos en el Repertorio Nacional. Esta cifra no deja de crecer. Además, cada certificado está específicamente regulado por un real decreto.

Un Certificado Profesional corresponde al Grado C de la oferta del Sistema de Formación Profesional. Es un documento oficial, con validez en todo el territorio nacional y debe constar en el Catálogo Nacional de Ofertas de Formación Profesional, que certifica la capacitación para el desarrollo de una actividad profesional.

Debe detallar los módulos profesionales superados y los estándares de competencia profesional asociados a él e incluidos en el **Catálogo Nacional de Estándares de Competencias Profesionales**, así como su correspondencia con el Marco Español de Cualificaciones.

Despliegan su validez en un doble ámbito, laboral y académico:

- En el contexto laboral tienen validez profesional, porque acreditan las competencias en una determinada profesión. Para poder trabajar en algunas profesiones, se exigen determinadas cualificaciones, y los certificados sirven para acreditarlas.

- Asimismo, tienen validez académica, puesto que permiten continuar un itinerario formativo siempre que se cumplan los requisitos de acceso para cursar la titulación deseada. De tal modo que, los Certificados Profesionales que sean parte de un Grado D permitirán la matrícula modular para completar los módulos establecidos en el currículo y obtener el correspondiente título de técnico básico, técnico o técnico superior con validez en todo el territorio nacional.

Para obtener un Certificado Profesional (Grado C) es preciso cumplir con los requisitos de acceso para realizar la formación.

Estructura de los Certificados Profesionales

I. Identificación: denominación, familia y área profesional a la que pertenecen; nivel de cualificación profesional (1, 2 o 3); cualificación profesional de referencia; entorno profesional y módulos formativos que esté previsto cursar junto con la duración de cada uno de ellos.

II. Perfil profesional: incluye las competencias profesionales requeridas en el mercado laboral. En todas ellas se concretan las realizaciones profesionales y los criterios de realización.

III. Formación: describe los módulos formativos que esté previsto cursar para adquirir las competencias requeridas. En cada uno de ellos se indican las capacidades que se pretende alcanzar y la duración del módulo de prácticas no laborales —PNL—, para el que cabe solicitar exención si se cumplen determinados requisitos.

IV. Prescripciones de las personas formadoras.

V. Requisitos mínimos de espacios, instalaciones y equipamiento.

Los Certificados Profesionales se identifican con una denominación concreta y un código alfanumérico propio, y sirven para acreditar una determinada cualificación profesional. Cada certificado está asociado a una relación de unidades de competencia que, a su vez, se vinculan con una serie de módulos formativos específicos. Algunos módulos están integrados por unidades formativas y tanto unos como otras son, en ocasiones, transversales, lo que significa que se trata de contenidos incluidos en más de un Certificado Profesional.

Los Certificados Profesionales se articulan en tres niveles de competencia profesional (1, 2 y 3) conforme a lo dispuesto en el que será el Catálogo Nacional de Estándares de Competencias Profesionales, anteriormente Catálogo Nacional de Cualificaciones Profesionales (CNCP), según los criterios establecidos de conocimientos, iniciativa, autonomía y complejidad de las tareas, en cada una de las ofertas de Formación Profesional.

La oferta formativa dirigida a la obtención de los Certificados Profesionales tiene carácter modular para favorecer la acreditación parcial acumulable de la formación recibida y posibilitar así el avance en el itinerario de Formación Profesional para cualquiera que sea la situación laboral de cada persona en cada momento.

En definitiva, el Grado C constituye la oferta, parcial y acumulable, del sistema de Formación Profesional, de varios módulos profesionales del catálogo modular de Formación Profesional por razón de su significado en el mercado laboral y conducente a la obtención de un Certificado Profesional.

Las ofertas de Grado C de Formación Profesional tendrán por objeto módulos profesionales incluidos previamente en el catálogo modular de formación profesional y asociados al Catálogo Nacional de Estándares de Competencias Profesionales.

Finalidad de los Certificados Profesionales

- Contribuir a la ordenación de un Sistema de Formación Profesional al servicio de un régimen de formación y acompañamiento profesionales que sea capaz de responder con flexibilidad a los intereses, expectativas y aspiraciones de cualificación profesional de las personas a lo largo de su vida.

- Combinar escuela y empresa situando a la persona en el centro del sistema.

- Facilitar el aprendizaje permanente de toda la ciudadanía mediante una formación abierta, flexible y accesible, estructurada de forma modular, a través de la oferta formativa asociada al certificado.

- Acreditar las cualificaciones profesionales o las unidades de competencia recogidas en estas, independientemente de su vía de adquisición, bien sea través de la vía formativa, o mediante la experiencia laboral o vías no formales de formación.

- Favorecer, tanto a nivel nacional como europeo, la transparencia del mercado de trabajo.

- Contribuir a la calidad de la oferta de Formación Profesional.

Este libro

El presente libro desarrolla la Unidad Formativa: **Análisis y actuaciones en diferentes contextos de intervención (salud y sexualidad, educación, ocio, deporte, conciliación de la vida personal, familiar y laboral, movilidad y urbanismo, y gestión de tiempos).** **Código:** UF2687. **Duración:** 80 horas.

Está asociada al Módulo Formativo MF1583_3 Acciones para la igualdad efectiva de mujeres y hombres, asociado a la Unidad de Competencia UC1583_3 Participar en la detección, análisis, implementación y evaluación de proyectos para la igualdad efectiva de mujeres y hombres, perteneciente a la Cualificación Profesional de referencia Promoción para la igualdad efectiva de mujeres y hombres (SSC451_3), incluida en el Certificado Profesional SSCE0212 Promoción para la igualdad efectiva de mujeres y hombres, regulado por el Real Decreto 990/2013, de 13 de diciembre.

La estructura organizativa de los contenidos corresponde fielmente a la establecida por la normativa vigente y más concretamente a los contenidos de la Unidad Formativa: **Análisis y actuaciones en diferentes contextos de intervención (salud y sexualidad, educación, ocio, deporte, conciliación de la vida personal, familiar y laboral, movilidad y urbanismo, y gestión de tiempos).**

Contenidos

1. **Métodos de observación de diferentes contextos desde la perspectiva de género (salud y sexualidad, educación, ocio, deporte, conciliación de la vida personal, familiar y laboral, movilidad y urbanismo y gestión de tiempos).**
   - Mecanismos de identificación de elementos para la observación de los usos de espacios y tiempos de participación de hombres y mujeres:
     — Espacio público, espacio privado.
     — Cantidad, calidad y contenido de los tiempos disponibles.
     — Principales indicadores de género.
   - Aplicación del concepto de calidad de vida desde la perspectiva de género.
   - Procedimiento para la definición, aplicación y análisis de indicadores:
     — Indicadores de bienestar y de bienestar subjetivo de la ciudadanía.
     — Indicadores de calidad de la atención de la salud de las mujeres.
     — Indicadores en materia de deporte y urbanismo.
     — Indicadores de género en materia de conciliación de la vida personal, familiar y laboral.

- Procesos de identificación de las brechas de género en el entorno de intervención.

2. **Identificación y gestión de recursos para la promoción de la igualdad efectiva de mujeres y hombres en diferentes contextos (salud y sexualidad, educación, ocio, deporte, movilidad, urbanismo, conciliación y gestión de tiempos).**

- Procedimientos de elaboración de mapa de recursos, servicios y actuaciones en el entorno de intervención:
  — Servicios de salud para las mujeres.
  — Servicios para la salud y la autonomía personal.
  — Centros de salud sexual y reproductiva y de planificación familiar.
  — Servicios de ocio y tiempo libre.
  — Becas y ayudas para acciones de ocio, cultura y deporte.
  — Instituciones y principales servicios relacionados con la conciliación de la vida personal, familiar y laboral.
- Manejo del marco normativo, de guías y manuales de ámbito europeo, estatal, autonómico y/o local sobre:
  — Salud sexual y reproductiva.
  — Salud.
  — Ocio.
  — Salud y deporte.
  — Movilidad y urbanismo.
  — Conciliación de la vida personal, laboral y familiar y la gestión de tiempos.
  — Mejora de la calidad de vida.
- Identificación y utilización de los recursos disponibles en el Observatorio de la salud de las mujeres del Ministerio de Sanidad, Ministerio de Derechos Sociales y Agenda 2030 y Ministerio de Igualdad[1].
  — Plan de calidad del Servicio Nacional de Salud.
  — Informes sobre salud y género.
- Caracterización del movimiento asociativo relacionado con la salud y sexualidad, la educación, el ocio, el deporte, la movilidad y el urbanismo, la conciliación de la vida personal, laboral y familiar y la gestión de tiempos con perspectiva de género en el entorno de intervención.
- Procedimientos para el desarrollo de actuaciones de difusión y sensibilización sobre:
  — Necesidades físicas, psíquicas, emocionales, de salud reproductiva y sexualidad de las mujeres del entorno.

---

[1] Se ha actualizado el título de este apartado conforme a los nombres vigentes de los organismos nacionales.

— Actividad deportiva de las mujeres.

— Espacios y tiempos de participación de las mujeres.

— Salud diferencial desde la perspectiva de género.

3. **Establecimiento de procesos de información y sensibilización sobre el trabajo no remunerado en el ámbito doméstico y de cuidados.**

- Valoración del impacto del trabajo no remunerado y su repercusión en los niveles personal, familiar y en la estructura socioeconómica.

- Identificación de las cadena de tareas y relaciones espacio-temporales.

- Métodos de aplicación de estrategias para el cambio en los usos del tiempo de mujeres y hombres.

- Implementación de actuaciones para facilitar herramientas de corresponsabilidad.

- Procedimientos de desarrollo de actuaciones para facilitar la vida cotidiana de las personas.

4. **Aplicación de acciones en materia de salud y sexualidad, educación, ocio, deporte, conciliación de la vida personal, familiar y laboral, movilidad y urbanismo y gestión de tiempos con perspectiva de género.**

- Aplicación del concepto de salud desde una percepción biopsicosocial y de género.

- Procesos de observación de la salud integral (física, psicológica, social y emocional) y diferencial de las mujeres del entorno de intervención.

- Procesos de análisis de la salud reproductiva y sexualidad de las mujeres en el entorno de intervención.

  — Derechos sexuales y reproductivos.

- Aplicación de la propuesta de la Organización Mundial de la Salud sobre los conflictos de la asignación de roles de género y salud.

- Integración de la perspectiva de género sobre los temas sectoriales en materia de urbanismo en:

  — Transporte

  — Espacio público y seguridad

  — Vivienda

  — Actividad económica

  — Equipamientos, comercio, ocio

- Implantación de proyectos de igualdad en función del contexto específico donde se intervenga.

1. Métodos de observación de diferentes contextos desde la perspectiva de género (salud y sexualidad, educación, ocio, deporte, conciliación de la vida personal, familiar y laboral, movilidad y urbanismo y gestión de tiempos)

Contenido

Lo esencial es invisible a los ojos.

Antoine de Saint-Exupery

Figura 1.1. Mirar o analizar cualquier situación desde la perspectiva de género permite entender que la vida de mujeres y hombres puede ser modificada en la medida en que no está naturalmente determinada.

La categoría denominada **perspectiva de género** surge en la segunda mitad del siglo xx en el ámbito de las ciencias sociales, como respuesta a la necesidad de abordar multidisciplinarmente las relaciones entre mujeres y hombres. El análisis que proporciona esta perspectiva se centra en las características y mecanismos jerarquizados de las relaciones de género, así como también en la condición de las mujeres y su posición de desventaja debido a la desigualdad existente en la sociedad.

La perspectiva de género pretende que tanto mujeres como hombres participen y se beneficien conjuntamente del desarrollo de toda la sociedad. Además de examinar las principales causas generadoras de desigualdad, una de sus pretensiones consiste en transformar las actitudes y las prácticas de las personas de modo que los desequilibrios existentes en la sociedad puedan ser erradicados.

Desde esta perspectiva se puede analizar la realidad de la sociedad desde un ángulo diferente al tradicional, pues parte de la igualdad entre mujeres y hombres, situándolas a ellas en una posición de visibilidad que hasta el momento no poseían, teniendo en cuenta sus necesidades y su presencia en todos los contextos existentes de la sociedad (política, educación, ocio, etcétera).

Hacer visible la desigualdad existente en los diferentes ámbitos de la sociedad es fundamental, de esta manera puede ser considerada como un **problema social real y visible,** que requiere de la participación de toda la ciudadanía para intentar superarlo.

1.1. MECANISMOS DE IDENTIFICACIÓN DE ELEMENTOS PARA LA OBSERVACIÓN DE LOS USOS DE ESPACIOS Y TIEMPOS DE PARTICIPACIÓN DE HOMBRES Y MUJERES

El término **participación** hace referencia a tomar parte en alguna actividad o proceso, aunque la importancia de tal participación siempre dependerá de la actividad en la cual se participe, así como también del ámbito en el cual se lleve a cabo.

Figura 1.2. La importancia de la aplicación de la perspectiva de género radica en las posibilidades que ofrece para comprender cómo se produce la discriminación de las mujeres y las vías para transformarla.

Desde una **perspectiva comunitaria,** la participación se entiende como un conjunto de todo lo siguiente:

- La acción conjunta y libre de un grupo que comparte intereses y objetivos.

- Una contextualización y relación con la historia de la comunidad y el momento o la coyuntura en que se realiza.

- Un proceso que implica la producción y el intercambio de conocimiento (consejos, recursos y servicios).

- Una acción socializadora que transmite, comparte y modifica patrones de conducta.

- Una colaboración y una correlación de relaciones, ideas y recursos compartidos.

- Organizar, dirigir, tomar decisiones, efectuar acciones a fin de alcanzar las metas establecidas conjuntamente.

- Existencia de patrones democráticos de comunicación entre quienes participan.

- Solidaridad y reflexividad (evaluar críticamente el trabajo realizado).

- Implicación de diversos grados de compromiso con los proyectos y sus objetivos.

- Generación y aceptación de una normatividad a fin de funcionar como grupo.

- Dar y recibir. Se aporta pero a la vez también se es beneficiario de los aportes hechos por otras personas y, además, de la suma de todas las participaciones.

La participación puede manifestarse en diferentes grados que van desde asistir pasivamente a reuniones, en las que no se interviene o estar de acuerdo en decisiones que toman otras personas, hasta asumir responsabilidades de mayor calado en determinados proyectos.

Además, se diferencian varios **tipos de participación,** los cuales dependerán del punto de vista que se adopte en el momento de contemplar el fenómeno participativo, por ejemplo, participación activa y pasiva, espontánea y organizada, continuada y temporal, etc. La participación debe ser vista como un **instrumento básico en cualquier sociedad,** es decir, como un medio que consigue involucrar a la gente, que logra el desarrollo personal, etc. Pero además de este **valor instrumental,** la participación puede ser analizada por su **valor finalista,** es decir, como un fin, pues la participación se considera buena en sí misma.

Es posible señalar algunos beneficios, así como también algunos costos de la participación:

- **Beneficios:** algunos ejemplos de las ventajas potenciales de la participación son la generación de poder colectivo, la activación del conjunto de personas integrantes, el aporte de un sentimiento de pertenencia, la cohesión social, etcétera.

- **Costes:** algunos ejemplos de las desventajas potenciales de la participación son la limitación a corto plazo de la eficacia de las acciones, mayor lentitud de los procesos, en ocasiones, exige redefinir tanto tareas como reorganizar procesos, la exigencia de tiempo, así como también de energía personal que se necesita emplear, etcétera.

Es importante señalar que la participación social implica que las personas sean consideradas como **sujetos agentes o actores sociales** y no solamente como objetos integrantes de una sociedad que aceptan sin intervenir ni ser partícipes de los cambios que se producen. Por tanto, serán estos sujetos agentes, tanto mujeres como hombres, quienes tomarán el protagonismo en la esfera social y de esta forma dirigirán el cambio.

A partir de estas referencias acerca de la participación, se empieza a considerar con atención los elementos que tienen en cuenta los usos de espacios y tiempos de participación tanto de hombres como de mujeres.

1.1.1. Espacio público, espacio privado

A lo largo de toda la historia se ha identificado a los hombres con un ámbito visible, como es **la sociedad (esfera pública);** mientras que por el contrario, a las mujeres se las ha identificado tradicionalmente con un ámbito no visible y privado, como es el caso de **la familia (esfera privada).** Esta diferenciación remite nuevamente a la oposición entre dos esferas que delimita el patriarcado, adjudicando tareas, tiempos y personas en función del sexo. Todo esto es comprobable si se tiene en cuenta la desigualdad referente a la participación en el ámbito público de mujeres y hombres. A pesar de que la sociedad ha avanzado mucho al respecto (por ejemplo, reconociendo el sufragio femenino), aún hoy día permanecen vestigios de este enfoque tradicional en muchos ámbitos y lugares.

Concretamente, la esfera pública o espacio público hace referencia a un ámbito productivo y remunerado donde tiene lugar la vida social, laboral, política y económica. Por el contrario, la esfera privada o espacio privado hace referencia al ámbito donde las personas se cultivan para proyectarse en la intimidad, es, por tanto, un ámbito caracterizado por la invisibilidad. Este espacio privado no debe confundirse con el **espacio doméstico,** el cual se identifica con un ámbito no remunerado donde tiene lugar la crianza, el cuidado y el afecto. A pesar de que existe una distinción entre ambos espacios, es cierto que el doméstico guarda una estrecha relación con el privado (llegando incluso a confundirse), pues es posible afirmar que se lleva a cabo en una esfera privada, la cual ha sido asignada tradicionalmente a mujeres y no a hombres.

© Ediciones Paraninfo

Figura 1.3. No se debe confundir espacio privado con espacio doméstico.

Figura 1.4. Las características de la esfera pública y de la esfera privada.

Según Hannah Arendt, en las ciudades Estado de la antigüedad ya existía una división entre el mundo público y el mundo privado, siendo **la oposición esencial entre ambos la libertad y la necesidad.**

El mundo público (asociado a los hombres) era aquel que estaba expuesto a la polis, a la política y a todas aquellas actividades relacionadas con la participación. Era el lugar de la libertad y de la relación entre iguales, pero también era el mundo que solo podía «sobrevivir si el número de ciudadanos seguía siendo restringido». Por oposición al anterior, el mundo privado (asociado a las mujeres) era el mundo oculto y privado de la familia. Era el mundo de la necesidad, donde la violencia y la fuerza se justificaban, lo cual generaba unas **relaciones basadas en la desigualdad** (en una posición superior estaba el jefe de la familia, y en una posición inferior, los/las esclavos/as, las mujeres e integrantes de la familia supeditados).

Ambas esferas estaban muy relacionadas entre sí, ya que era indispensable satisfacer las necesidades vitales en la familia para poder acceder a la libertad de la polis. Entonces, el reino de la libertad fue posible debido a la existencia de la esfera privada, por la permanencia de las personas esclavas y las mujeres en el mundo de la necesidad, privadas de derechos y de todo reconocimiento.

Posteriormente y desde la **perspectiva feminista,** algunos análisis históricos han indicado dos puntos concretos que han dado lugar a esta diferenciación de esferas. El primer cambio hace referencia al **sistema de división del trabajo,** pues se dio mayor importancia al trabajo masculino, lo cual constituyó una separación estructural entre mujeres y hombres respecto a lo público y lo privado. En segundo lugar, se señala que en las sociedades occidentales, en la época de la industrialización temprana, tuvo lugar un importante cambio respecto a la consideración de las dos esferas referido a la **producción económica** de la familia, pues los hombres asumieron el trabajo asalariado y las mujeres se quedaron en el hogar cuidando de sus hijas/hijos o familiares, generando una dependencia familiar del varón. Es así que **hombres y mujeres comenzaron a vivir en esferas separadas, pero complementarias entre sí.**

El espacio público siempre ha sido el más valorado, por ser aquel que injustamente proporciona reconocimiento y acceso al poder. Por el contrario, aquellas actividades que se desarrollan en el espacio privado han sido las menos valoradas socialmente, pues no han sido objeto de apreciación pública.

Esta asimetría de papeles ha dado mayor importancia al espacio público restando valor al privado. Al igual que otras cuestiones vistas, todo esto favorece la invisibilidad de las mujeres, pues gran parte de su tiempo se ha empleado y emplea en la esfera privada a la vez que se limita su acceso a la esfera pública.

Es necesario que cuando se haga referencia a la igualdad entre hombres y mujeres, todo se plasme en la distribución equitativa de oportunidades y responsabilidades, tanto en el ámbito de la vida profesional como también en el ámbito de la vida familiar.

1.1.2. Cantidad, calidad y contenido de los tiempos disponibles

La distribución del tiempo siempre ha sido algo esencial. Combinar el tiempo que se dedica a la familia, al trabajo y a los intereses personales no es algo sencillo en muchas ocasiones. El **uso desigual del tiempo** por parte de mujeres y hombres es una prueba clara de una estructura social organizada sobre las bases de la desigualdad en el reparto de los roles y del trabajo.

A pesar de que las diferencias en horas y minutos proporcionan un resultado global que, a simple vista, puede parecer no muy elevado, es en el ámbito individual y cotidiano donde se puede comprobar que los usos del tiempo de gran parte de las mujeres respecto a gran parte de los hombres es y ha sido siempre desigual.

Figura 1.5. Históricamente el uso del tiempo a los diferentes ámbitos de la vida de la persona ha favorecido la desigualdad entre mujeres y hombres.

Cada persona necesita disponer y administrar su tiempo de acuerdo a sus necesidades, con ello se contribuye a fomentar el bienestar. Todas las personas deben ser capaces de realizar actividades, establecer prioridades y concretar expectativas. Cuando las personas no consiguen administrar adecuadamente su tiempo, se produce una serie de consecuencias como, por ejemplo, estrés, problemas relacionales, ansiedad, bajo rendimiento, etc. Es importante recordar que una de las causas más determinantes del estrés es la falta de tiempo necesario para llevar a cabo las actividades pendientes.

Teniendo en cuenta todo lo anterior, conviene recordar una serie de pautas que favorecen una correcta administración del tiempo:

- Priorizar y jerarquizar.

- Autorregulación y autocontrol.

- Autoeficacia.

- Concentración.

- Delegación de actividades.

- Anticipación.

1.1.3. Principales indicadores de género

El diseño y construcción de instrumentos de medición de género se trata de una realidad relativamente reciente, pues ha sido en la década de los años ochenta cuando se comenzaron a desarrollar estos instrumentos.

Los **indicadores de género** son aquellos señaladores que tienen la finalidad de identificar los cambios en las relaciones de género a través del tiempo.

Su utilidad se relaciona con la habilidad para señalar cambios tanto en el estatus como en el rol de mujeres y hombres en distintos momentos del tiempo, de esta forma es posible medir la igualdad entre ambos sexos.

Para hacer un buen uso de los indicadores de género conviene que los objetivos estén consensuados, que sean fáciles de utilizar y entender, además de estar claramente definidos, pues es fundamental que se encuentren directamente relacionados con los objetivos planteados en la intervención.

Margrit Eichler (1988) señala cinco aspectos clave para no caer en **errores frecuentes**. Además conviene saber reconocerlos siempre que se aborden estudios o proyectos relacionados con el estudio del género:

a) **Androcentrismo.** Se refiere a la observación selectiva de unos hechos o a la posterior reflexión de los mismos desde una perspectiva masculina.

b) **Generalizaciones abusivas.** Consiste en extraer datos acerca de uno u otro sexo y a partir de los mismos extraer conclusiones acerca de los dos sexos.

c) **Olvidar la variable género.** Siempre es imprescindible tener en cuenta esta variable en todos los estudios e investigaciones.

d) **Utilizar dos varas de medir.** Esto es, medir dos conductas que son similares de una forma diferente y de acuerdo con el género.

e) **Dificultades por razón del género de quien investiga.** Puede ocurrir que el género de quien investiga comprometa el trabajo que debe desarrollar, por tanto, es una variable que se debe tener en cuenta.

Aclarado todo lo anterior, se debe abordar cómo se deben manejar de forma adecuada estos indicadores de género y para ello es importante conocer algunos de los **indicadores de género más usados:**

a) **Índice de concentración:** este índice hace referencia a la relación entre el número de mujeres de una categoría y el total de las mujeres, por 100; así como también a la relación del número de hombres de una categoría y el total de hombres, por 100. El índice de concentración toma como referencia a cada uno de los sexos por separado y por ello es utilizado para comprobar la distribución de cada sexo entre las categorías de una variable, aunque no informa sobre la relación entre sexos.

- El índice de concentración es un **indicador intrasexo,** esto significa que muestra la situación de las mujeres respecto a sí mismas y de los hombres respecto a sí mismos.

b) **Índice de distribución:** este índice hace referencia a la relación entre el número de mujeres en una categoría y el total de personas de esa categoría, por 100; así como también a la relación entre el número de hombres en una categoría y el total de personas de esa categoría, por 100. Este indicador es útil para ver las diferencias y desigualdades entre los sexos en una categoría (relaciones de género).

- El índice de distribución es un **indicador extrasexo,** es decir, aporta información sobre la distribución global.

c) **Brecha de género:** hace referencia a la diferencia entre las tasas o porcentajes femeninos y masculinos en la categoría de una variable. La brecha de género se mide en puntos porcentuales:

- Los valores negativos indican una diferencia a favor de los hombres; mientras que los valores positivos indican una diferencia a favor de las mujeres. Cuanto más cercana se encuentre la brecha de género de cero, más cerca estará de la igualdad.

d) **Índice de feminización:** es la relación entre el número de mujeres y el número de hombres, es decir, señala la representación de las mujeres en relación con los hombres en cada categoría de una variable.

- Los valores por debajo de uno indican una infrarrepresentación de mujeres.

- Los valores por encima de uno son indicadores de feminización.

1.2. APLICACIÓN DEL CONCEPTO DE CALIDAD DE VIDA DESDE LA PERSPECTIVA DE GÉNERO

El concepto de calidad de vida se encuentra íntimamente ligado al de salud, el cual ha ido evolucionando a lo largo de toda la historia.

En principio, la **salud** fue definida como la ausencia de enfermedad. Sin embargo, hoy día la Organización Mundial de la Salud (OMS), máximo organismo gubernamental mundialmente reconocido en materia de salud, la define como *el estado completo de bienestar psicológico y social, no solo la ausencia de enfermedad.* La cita procede del Preámbulo de la Constitución de la Organización Mundial de la Salud, que fue adoptada por la Conferencia Sanitaria Internacional, celebrada en Nueva York, del 19 de junio al 22 de julio de 1946, firmada el 22 de julio de 1946 por los representantes de 61 Estados (*Official Records of the World Health Organization*, N.º 2, p. 100), la cual entró en vigor el 7 de abril de 1948. La definición no ha sido modificada desde 1948.

Figura 1.6. La perspectiva de género mejora la vida de las personas, de las sociedades y de los países, enriqueciendo todos los ámbitos productivos, es decir, no se limita solamente a las políticas focalizadas a favor de las mujeres.

El término salud hace referencia a un proceso dinámico, en el que influyen distintos factores, tanto internos como externos. Todo esto debe ser valorado cuando se pretende incidir en un aumento de la calidad de vida de las mujeres, convirtiéndolas a ellas mismas en precursoras de su salud, con un doble objetivo:

1. Desarrollar su potencial personal para responder de forma positiva y adecuada al entorno.

2. Mejorar sus habilidades personales para realizar elecciones saludables.

La OMS también estableció una serie de **componentes que integran y determinan el concepto salud:**

- El estado de adaptación al medio (biológico y sociocultural).

- El estado fisiológico de equilibrio.

- El equilibrio entre la forma y la función del organismo (alimentación).

- La perspectiva biológica y social (relaciones familiares, hábitos).

Es la estrecha relación entre estos aspectos lo que determina el completo estado de salud de una persona. Sin embargo, cuando uno de los anteriores no funciona adecuadamente se genera un **estado de enfermedad,** vinculado con una relación triádica entre un huésped (el sujeto), un agente (el síndrome) y un ambiente (los factores que intervienen).

Por otra parte, se hace una primera referencia al término **calidad de vida** en 1975, por lo que se puede afirmar que es un término de reciente aparición. Su origen se encuentra en la medicina y pronto comenzó a extenderse a otros ámbitos como la psicología y la sociología. Aun así, la preocupación, tanto individual como social (colectiva), por la mejora de las condiciones de vida de las personas ha existido siempre.

Desde la Organización Mundial de la Salud (OMS) se define la calidad de vida como *la percepción que un individuo tiene de su lugar en la existencia, en el contexto de la cultura y del sistema de valores en los que vive y en relación con sus objetivos, sus expectativas, sus normas, sus inquietudes.* Por otra parte, la **bioética** analiza la calidad de vida desde tres contextos diferentes: descriptivo, como un acto de razón; evaluativo, como un deber de ser; y prescriptivo, lo que se debe hacer; mientras que desde la **economía** se mide a través del ingreso per cápita, del nivel de vida y de las condiciones de vida.

Nivel de vida: es un concepto económico que se refiere a la acumulación de bienes materiales y al disfrute de los mismos, mediado necesariamente por el ingreso.

Condiciones de vida: conjunto de bienes que conforman la parte social de la existencia humana, por ejemplo, la salud, la educación, la alimentación, la vivienda, el medio ambiente, etcétera.

Desde cualquier perspectiva que se tome, son muchos los aspectos que siempre se tienen en cuenta en la evaluación de la calidad de vida como, por ejemplo, las características de la comunidad, las características de la organización sanitaria, las características de los proveedores de salud, las características de la población, etcétera.

Con el objetivo de lograr que las mujeres se sitúen en condiciones de ejercer un mayor control sobre los determinantes de su salud y calidad de vida y así poder mejorarla, es fundamental la promoción de la salud. De esta forma se hace consciente a la mujer de su papel dentro de la sociedad, de la importancia de su actitud y de lo que puede hacer, implicando a las mujeres en su propia salud, convirtiéndolas en formadoras dentro de su contexto diario.

Empoderar a las mujeres, tanto en el ámbito individual como el colectivo, se torna fundamental. Este término alude a un *proceso de toma de conciencia individual y colectiva de las mujeres, que les permite aumentar su participación en los procesos de toma de decisiones y de acceso al ejercicio de poder y a la capacidad de influir en el cambio social.*

Los dos procesos de empoderamiento a los que se está haciendo referencia son:

- **Empoderamiento en el ámbito individual** supone que las mujeres adquieran confianza en sí mismas, muestren asertividad, logren autoridad para tomar decisiones, en definitiva, que actúen como sujetos de derecho no sometidas a control ni limitadas por los roles que la sociedad les impone.

- **Empoderamiento en el ámbito colectivo** alude al proceso por el cual los intereses de las mujeres se relacionan, a fin de incrementar su poder en el acceso, uso y control de los recursos materiales y simbólicos, de los beneficios y de ganar influencia y participar en la toma de decisiones y en el cambio social.

1.3. PROCEDIMIENTO PARA LA DEFINICIÓN, APLICACIÓN Y ANÁLISIS DE INDICADORES

Cuando se hace referencia al concepto **bienestar** se identifican dos tipos, el bienestar objetivo y el bienestar subjetivo, los cuales conforman en su conjunto el **bienestar general.**

En definitiva, hablar de bienestar es hacer referencia a una construcción personal pero también social, pues tienen tanta importancia las características de la persona como las características del contexto social. De esta manera **el bienestar personal se construye paralelamente al bienestar social.**

Figura 1.7. El empoderamiento femenino permite una participación igualitaria de las mujeres en todos los ámbitos sociales.

A modo de introducción se presenta el siguiente gráfico:

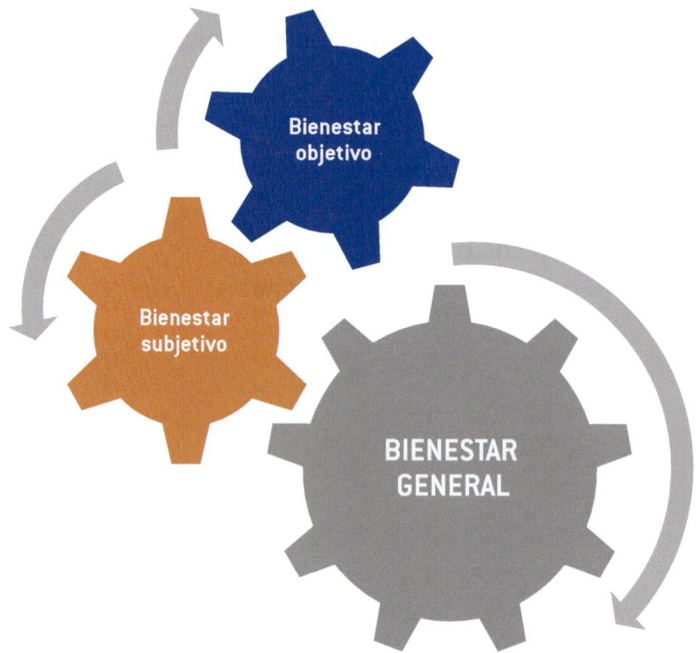

Figura 1.8. La composición del bienestar general.

Son varios los **indicadores de bienestar** a los que se puede hacer referencia, la mayoría relacionados con el desarrollo económico. Se indican a modo de ejemplo los siguientes:

- **PIB** (Producto Interior Bruto), el más utilizado.

- **IDH** (Índice de Desarrollo Humano), propuesto por el PNUD (Programa de las Naciones Unidas para el Desarrollo), en 1990. Se basa en tres indicadores: la salud, la educación y el nivel de vida.

- **PPA** (Paridad del Poder Adquisitivo), propuesto por el FMI (Fondo Monetario Internacional).

- **IPH** (Índice de Pobreza Humana), propuesto por la ONU.

En los últimos años se ha propuesto el uso de nuevos indicadores como, por ejemplo, el Índice de Bienestar Nacional (IBN), el Índice de Potenciación de Género (IPG), etcétera.

Finalmente conviene señalar que el bienestar que experimenten las personas también estará en función del desarrollo social, económico, político y tecnológico del país.

1.3.1. Indicadores de bienestar y de bienestar subjetivo de la ciudadanía

La **felicidad** es un concepto muy relacionado con los vistos anteriormente, pues se considera una de las metas principales en la vida de toda persona. Hoy en día, las personas son conscientes de que existe una relación positiva entre el nivel de felicidad y otros muchos aspectos como, por ejemplo, la conducta prosocial, el rendimiento académico y profesional, la salud física y mental, la capacidad de resolución de conflictos, etc., de ahí la importancia de este concepto y de la estrecha relación que mantiene con la calidad de vida y la salud de las personas.

La preocupación por la felicidad no es una cuestión actual, sino que a lo largo de toda la historia de la humanidad ha sido uno de los principales temas de estudio. Uno de los referentes más importantes en el análisis de la felicidad se sitúa en la filosofía griega, con Sócrates, Platón y Aristóteles como referentes.

El concepto de felicidad es abstracto, polisémico y también complejo. Dado lo anterior, en muchos ámbitos se ha optado por utilizar el término **bienestar subjetivo**, el cual se emplea en muchas ocasiones como sinónimo de felicidad. Mientras que la felicidad se asocia con el ámbito filosófico, el bienestar subjetivo se relaciona con un ámbito científico.

Figura 1.9. El bienestar social se reconoce observando los factores que participan en la calidad de vida de las personas en una sociedad.

El bienestar subjetivo hace referencia a *aquella valoración que cada persona realiza acerca de la satisfacción con la vida*. Se diferencia del **bienestar objetivo,** el cual se compone de los aspectos material, físico y social, y de una dimensión subjetiva que hace referencia a los mismos.

El bienestar subjetivo engloba los siguientes aspectos:

Figura 1.10. Componentes del bienestar subjetivo.

1. **Percepción de felicidad:** es la persistencia en un estado de ánimo optimista.

2. **Satisfacción vital:** es la valoración global que la persona hace de su vida.

3. **Afecto:** es un sentimiento de cariño hacia otras personas.

4. **Calidad de vida:** es el balance global del nivel de bienestar subjetivo que la persona percibe en su vida.

La **percepción del bienestar subjetivo** por parte de la persona se lleva a cabo de dos formas:

• **Dimensión evaluativa:** se refiere a los juicios de carácter global, por ejemplo, cómo percibe la vida en general.

• **Dimensión experiencial:** se refiere a cómo se siente la persona en el momento presente, en el aquí y ahora.

Una de las formas de medición del bienestar subjetivo más utilizada ha sido la de preguntar directamente a las personas a través de **cuestionarios.**

Respecto a los **tipos de bienestar subjetivo** de carácter emocional las investigaciones (Ryan y Deci, 2001; Ryff, 1989; Seligman, 2002) permiten hacer una distinción entre dos tipologías:

- **Bienestar hedónico:** sigue la corriente hedonista cuyos orígenes se remontan a Aristipo de Cirene (435-350 a. C.), quien identificaba el bien con el placer. Por ejemplo, el tiempo libre de la persona.

- **Bienestar eudemónico:** se relaciona con la tradición aristotélica, que relaciona la felicidad con la virtud. De forma coloquial, se hace referencia a este bienestar eudemónico como *bienestar psicológico*. Este tipo de bienestar es duradero y se refiere a la satisfacción con la vida en un sentido amplio.

Ambos tipos de bienestar subjetivos se complementan, por lo que no conviene interpretarlos por separado ni realizar distinciones respecto a la categorización de uno en una dimensión mejor y de otro en una peor.

Son muchos los factores que influyen en el bienestar subjetivo como, por ejemplo, las relaciones sociales y la familia, el amor y las relaciones sexuales, la satisfacción profesional, la salud, las actividades de ocio y tiempo libre, las características personales, etcétera.

Entre las **características personales** que contribuyen al bienestar subjetivo se encuentran: extraversión, temperamento, carácter, etc. Por otra parte, como ya se ha señalado, también son importantes las **circunstancias que rodean a la persona** y la interpretación que esta haga de las mismas. En última instancia, la propia persona es quien podrá decidir cómo enfrentarse a las mismas, sean buenas o malas circunstancias, tal como dice Viktor Frankl: «Si no está en tus manos cambiar una situación que te produce dolor, siempre podrás escoger la actitud con la que afrontes ese sufrimiento». En este caso, la interpretación subjetiva que la persona hace de la realidad es más importante que la valoración objetiva; pero esta interpretación dependerá de cada persona en particular, por ello se hace una especial diferenciación entre **rasgo** (las características de la persona) y **estado** (las experiencias de una persona en un momento concreto).

¿Hasta qué punto influye el nivel económico de la persona en su bienestar emocional? Las investigaciones plantean al respecto que hasta cubrir las necesidades básicas, el dinero sí es muy importante. Sin embargo, una vez superados aquellos mínimos considerados necesarios, la relación entre el poder adquisitivo y la felicidad tiende a ser menor. A pesar de lo anterior, es cierto que la pobreza, así como el desempleo son causas claras de malestar e infelicidad en las personas.

El **bienestar social** también influye notablemente en el bienestar subjetivo pues si se realiza un ejercicio de memoria, muchos de los momentos más destacados de la vida involucran a otras personas.

Se diferencian los siguientes *tipos de relaciones sociales:*

Relaciones sociales: relaciones sociales en general (amistades, compañeros/as, clientela, etcétera).

Relaciones interpersonales: relación con una persona en particular (relación de pareja).

- **Relaciones afectivas:** tipo de relación interpersonal que se caracteriza por el grado de afecto mostrado. También se denomina relación íntima. Pueden existir relaciones íntimas en el ámbito de la amistad sin que ello implique tener relación sexual.
- **Relaciones sexuales:** tipo de relación interpersonal en la que se llega a la máxima intimidad posible.

Relaciones familiares: relaciones en el seno familiar (padres/madres e hijos/hijas, abuelos/abuelas y nietos/nietas, etcétera).

Figura 1.11. Tipos de relaciones.

Cabe mencionar también la importancia que tienen las **redes sociales,** pues el bienestar de las personas cercanas, así como también el de aquellas que se relacionan con ellas, es fundamental e influye en el propio bienestar.

Algo que se debe tener presente es que cada persona tiene la posibilidad de cambiar y mejorar, de alcanzar un bienestar subjetivo con el que se pueda sentir satisfecha. Es fundamental que las personas mantengan un **equilibrio emocional** y que sean capaces de percibir **control personal.** Sin profundizar en lo que a este último término se refiere, esta percepción de control hace referencia a *una cognición o juicio de que uno tiene la capacidad, recursos u oportunidades para llevar a cabo una acción que incremente la probabilidad de obtener resultados positivos o evitar los negativos* (Thompson y Schlehofer, 2008). Relacionado con este término se encuentra la **autoeficacia percibida,** es decir, *el juicio que la persona hace en relación con su capacidad para afrontar situaciones específicas* (Bandura, 1977).

En el caso de que la persona se encuentre en una situación que evalúa como negativa, iniciará el **afrontamiento,** que es un *proceso por el cual la persona intenta manejar la discrepancia entre las demandas que percibe en la situación y los recursos de los que dispone o cree disponer, y que la llevan, finalmente, a la valoración de la situación como estresante.* Richard Lazarus, autor destacado en este ámbito, distinguió **dos tipos de afrontamiento:**

- **Afrontamiento centrado en el problema:** la persona cree en la solución, pues piensa racionalmente en las variables que influyen en su problemática, así como en las capacidades para solucionarla.

- **Afrontamiento centrado en la emoción:** la persona no cree en la solución, pues no se siente capaz para conseguir solucionar la dificultad. Se centra en los propios sentimientos acerca de sus pensamientos y conductas.

Algunas de las estrategias posibles relacionadas con el afrontamiento son:

- Acción directa.

- Búsqueda de información.

- Inhibición de la acción.

- Afrontamiento intrapsíquico o paliativo.

- Búsqueda de apoyo social.

Tal como en su día indicó Carl Rogers, «la buena vida es un proceso, no un estado», y, para conseguir esto, Rogers señala que las personas deben estar abiertas a la experiencia, vivir el momento presente, tener autoconfianza, asumir la responsabilidad de las opciones y tratarse a sí mismas con una consideración positiva incondicional. Tener una visión rígida del mundo conduce a la persona hacia la infelicidad, por lo que propone abandonar todas las ideas preconcebidas y ver el mundo como realmente es, solo así se podrá lograr la felicidad.

Finalmente, se presentan algunas propuestas que contribuyen significativamente al bienestar emocional o subjetivo de la persona:

- Pensar en positivo y actuar en base a esta disposición y actitud.

- Mantener la autoestima alta.

- Saber gestionar adecuadamente los tiempos y espacios.

- Fijar objetivos realistas en función de lo anterior. Ser flexible.

- Cuidar las relaciones sociales.

1.3.2. Indicadores de calidad de la atención de la salud de las mujeres

Se podrá conocer el nivel de salud de la persona y de la población en general a través de la percepción de bienestar que transmiten. Cuando se hace referencia a **bienestar físico,** se relaciona con la salud y también con el propio cuerpo.

Un bienestar corporal depende de un estilo de vida saludable respecto a una buena alimentación, un descanso suficiente, la evitación de conductas relacionadas con el abuso de sustancias, la práctica del ejercicio físico, etcétera.

Respecto a la **salud de la mujer,** se acudirá a la OMS (www.who.int/es/) donde se indica lo siguiente:

Debido a las diferencias biológicas y sociales, el hecho de pertenecer a uno u otro sexo tiene gran impacto en la salud. La salud de la mujer y la niña es especialmente preocupante porque en muchas sociedades se encuentran en una situación de desventaja por la discriminación condicionada por factores socioculturales. Así, por ejemplo, las mujeres y niñas son más vulnerables al VIH/SIDA.

Algunos de los factores socioculturales que impiden que las mujeres y niñas se beneficien de servicios de salud de calidad y alcancen el máximo nivel posible de salud son:

- *Las desigualdades en las relaciones de poder entre hombres y mujeres.*
- *Las normas sociales que reducen las posibilidades de recibir educación y encontrar oportunidades de empleo.*
- *La atención exclusiva a las funciones reproductoras de la mujer.*
- *El padecimiento potencial o real de violencia física, sexual y emocional.*

La pobreza es un importante obstáculo a la obtención de buenos resultados sanitarios en ambos sexos, pero tiende a constituir una carga más pesada para las mujeres y niñas debido, por ejemplo, a las prácticas alimentarias (malnutrición) y al uso en la cocina de combustibles que pueden causar neumopatía obstructiva crónica.

Algo aplicable a toda la población es el hecho de que, según las investigaciones, cinco factores que afectan a la salud y que son responsables de una cuarta parte de los 60 millones de defunciones que, según se estima, se registran cada año son:

- *Insuficiencia ponderal en la infancia.*
- *Prácticas sexuales de riesgo.*
- *Consumo de alcohol.*
- *Falta de agua salubre, de saneamiento y de higiene.*
- *Hipertensión arterial.*

Además, se conoce que la principal causa de muerte a escala mundial es la cardiopatía coronaria, principalmente en países en desarrollo, siendo ocho los principales factores de riesgo responsables por sí solos de más del 75 % de los casos de esta enfermedad:

- *Consumo de alcohol.*

- *Hiperglucemia.*

- *Consumo de tabaco.*

- *Hipertensión arterial.*

- *Índice de masa corporal elevado.*

- *Hipercolesterolemia.*

- *Baja ingesta de frutas y verduras.*

- *Falta de actividad física.*

Otro de los problemas de salud más preocupantes en la actualidad es el cáncer.

1.3.3. Indicadores en materia de deporte y urbanismo

Un **estilo de vida saludable** se relaciona positivamente con buena salud, y son dos los aspectos relevantes en cuestión: la **actividad física** y la **alimentación.**

En primer lugar, es necesario diferenciar la nutrición de la alimentación, ya que en ocasiones erróneamente se utilizan como sinónimos.

Por una parte, la **nutrición,** base fundamental para el desarrollo y bienestar físico de las personas a lo largo de toda la vida, es un proceso biológico en el que los organismos asimilan los alimentos y líquidos necesarios para el propio funcionamiento, crecimiento y mantenimiento de las funciones vitales, de la alimentación; mientras que, por otra parte, la **alimentación,** relacionada con el medio ambiente (sociocultural y económico), es un término que hace referencia a los actos voluntarios y conscientes que están encaminados a la elección, preparación y finalmente ingestión de los alimentos.

El **agua,** como necesidad básica, es indispensable para la vida y fuente de bienestar.

En segundo lugar, se recomienda la práctica de alguna **actividad física** de forma regular y de baja intensidad, la mayoría de los días de la semana. Se diferencian dos términos relevantes:

- **Ejercicio estructurado:** movimientos del cuerpo repetitivos, planificados y estructurados, los cuales están encaminados a la mejora física o al mantenimiento. Por ejemplo, *fitness* o gimnasia.

- **Deporte:** actividad física regida por reglas, estructurada y competitiva. Requiere grandes movimientos motores, acompañados de estrategia, destreza y también azar. Por ejemplo, el fútbol.

Los motivos de la práctica de la actividad física son varios, algunos de los más señalados son: control del peso, sentirse mejor, estar en forma, establecer relaciones sociales, etc. Independientemente del motivo, es fundamental fomentar un estilo de vida saludable en las personas, y desde la educación es esencial promover este tipo de conductas relacionadas con la actividad física, pues se invierte en salud y bienestar.

El **descanso** también es necesario, pues se recomienda dormir unas 7-8 horas diarias. Cuando esto no se cumple, es probable que el comportamiento sea más lento, que haya errores, que se produzcan dificultades de concentración, etc. No es descanso el **sedentarismo,** el cual se relaciona con actividad física nula o insuficiente para mantener un estado de salud óptimo.

Figura 1.12. El cuidado personal es un hábito que comprende diferentes facetas de la persona.

Es importante mencionar el **Plan Estratégico de Salud y Medio Ambiente 2002-2026 propuesto por el Ministerio de Sanidad.**

El día 24 de noviembre de 2021 se aprobó, en una sesión extraordinaria del Pleno del Consejo Interterritorial del Sistema Nacional de Salud y la Conferencia Sectorial de Medio Ambiente, el Plan Estratégico de Salud y Medio Ambiente.

Se trata de un plan integral, abordado desde la salud y el medio ambiente que establece las actuaciones que deben realizarse para reducir el impacto sobre la salud de los principales factores ambientales y sus determinantes.

Su objetivo principal es promover entornos ambientales que mejoren la salud de la población y reduzcan los riesgos asociados a la exposición a factores ambientales, así como afrontar los desafíos del cambio climático. Su ejecución se enmarca en la estrategia de Salud Pública prevista en la Ley de Salud Pública (33/2011), en el artículo 43 de la Constitución y en los compromisos internacionales (ODS, Agenda 2030, UE, OMS, etc.) en materia de salud ambiental.

> Puedes acceder al Plan Estratégico de Salud y Medio Ambiente 2002-2026 en:
>
> **https://www.sanidad.gob.es/organizacion/planesEstrategias/ pesma/docs/241121_PESMA.pdf**
>
>

Como se ha podido observar, la salud está determinada por las condiciones y circunstancias en las que las personas viven, y por el entorno, es decir: las condiciones socioeconómicas, la cultura y valores de la sociedad, las políticas que estén en marcha, el tipo y las condiciones de trabajo, la educación, el género, las condiciones de vivienda, los servicios sanitarios, etc. A estas circunstancias se las denomina **determinantes sociales de la salud,** y el hecho de que no estén distribuidas de forma equitativa en la población genera desigualdades en salud. Es decir, las diferencias en salud injustas y evitables que se dan, de forma sistemática, entre los grupos socioeconómicos de una población y que son resultado de la desigual distribución de los determinantes sociales de la salud a lo largo de la escala social.

En las últimas décadas, se ha dedicado un considerable esfuerzo a demostrar las relaciones existentes entre las condiciones de salud de las distintas poblaciones y su desarrollo económico. Así, se han desarrollado diferentes modelos para explicar los determinantes sociales de la salud. En España se desarrolló el marco conceptual de los determinantes de las desigualdades sociales en salud por parte de la Comisión para reducir las Desigualdades en Salud en España en 2010, basado en el marco desarrollado por la Comisión sobre Determinantes Sociales de la Salud de la OMS. Más recientemente, en 2018, el marco conceptual de la Comisión de la Organización panamericana de la Salud (OPS) sobre Equidad ya incorpora como factores estructurales aquellos relacionados con el entorno natural, la tierra y el clima.

Para avanzar hacia la equidad en salud, es necesario trabajar en estos determinantes sociales y a su vez adaptar las intervenciones y políticas a las distintas necesidades de los diferentes grupos poblacionales. Para ello, se debe tener en cuenta que las desigualdades sociales en salud no solo se presentan en los grupos sociales más desfavorecidos, sino que muestran un gradiente a lo largo de toda la escala social, haciendo necesario un enfoque que aborde ambos. A su vez, se hace necesario trabajar con otros sectores además del de la salud para abordar estas desigualdades, así como fomentar la participación social en el desarrollo de las políticas.

En el año 2018, la Agencia Europea de Medio Ambiente advirtió que son necesarias medidas específicas para proteger a las personas que poseen menos recursos frente a los diversos riesgos medioambientales. A pesar de que la calidad medioambiental en Europa ha ido mejorando progresivamente en los últimos tiempos, algunos riesgos medioambientales, como la contaminación atmosférica y acústica, siguen contribuyendo a provocar enfermedades graves y muertes prematuras. Asimismo, otro factor que ha generado importantes consecuencias en la salud de la población son las temperaturas extremas. Sin embargo, las consecuencias generadas no han afectado a toda la población por igual, siendo un reflejo de las diferencias socioeconómicas y demográficas en la sociedad actual.

En la misma línea, la Organización Mundial de la Salud (OMS) ha señalado las diferencias entre el grado de equidad en salud y las desigualdades a las que se enfrentan los países en Europa. En particular, en el informe publicado en el año 2019 se describen varias condiciones esenciales que tienen impacto en la equidad de la salud, y en las cuales es necesario aplicar distintas políticas para mejorar el estado de salud de la población.

En particular, en las denominadas **condiciones de vida,** se expone la temática de la contaminación del aire, discutida ampliamente en este Plan Estratégico. La polución del aire afecta de manera general a todas las personas. Sin embargo, el grado de exposición a dicha contaminación varía dependiendo de las condiciones socioeconómicas de segmento de la población. Por ejemplo, la concentración de contaminantes del aire en zonas urbanas con una alta densidad de población será mucho mayor que en otro tipo de zonas. La exposición prolongada a dichos contaminantes, así como a otros riesgos medioambientales, acarrea como consecuencia una mayor probabilidad de contraer enfermedades e incluso de incrementar la mortalidad.

El informe sobre desigualdades ambientales en salud en Europa, de la Oficina Regional de la OMS para Europa, analiza indicadores en cinco dominios: vivienda, servicios básicos, entornos urbanos y transporte, relacionados con el trabajo y las lesiones. Este informe destaca no solo la distribución desigual de condiciones ambientales, sino que la variabilidad en vulnerabilidad de distintos subgrupos de población puede resultar a su vez en desigualdades en salud relacionadas con el medio ambiente. Por tanto, no solo es necesario abordar las condiciones ambientales y su distribución desigual, sino que la vulnerabilidad a determinados factores ambientales también tiene una distribución desigual en la población.

Estos aspectos abordados por la OMS coinciden con algunos de los compromisos presentados en los Objetivos de Desarrollo Sostenible, como es la reducción de las desigualdades, y con los objetivos estratégicos de «Health, 2020» de la OMS, como mejorar la salud para todos y reducir las inequidades en la salud, así como también mejorar el liderazgo y la participación institucional en temas de la salud.

En el ámbito nacional, se trabaja en equidad en salud avanzando en las líneas de la **Estrategia Nacional de Equidad,** que incluye como líneas de trabajo principales: la vigilancia de equidad y determinantes sociales de la salud; avanzar en salud y equidad en todas las políticas; la integración de la equidad en las estrategias, programas y actividades, y acciones dirigidas a mejorar la equidad en los primeros años de vida. A su vez, en 2013 se aprobó la Estrategia de Promoción de la Salud y Prevención en el Sistema Nacional de Salud, con un enfoque de equidad y determinantes sociales de la salud, y con actuaciones en el entorno sanitario, educativo y local, favoreciendo ámbitos que promuevan la salud.

En definitiva, este Plan Estratégico presenta múltiples objetivos y líneas de intervención relacionados con la mitigación de los efectos en la salud causados por diversos riesgos medioambientales y se encuentran orientados a mejorar la calidad y atención en salud que recibe la población. Tanto las condiciones medioambientales como la vulnerabilidad a las mismas tienen una distribución desigual a lo largo de la población. Por todo ello, es necesario que se tomen medidas que permitan reducir las inequidades en salud y provean protección a la población en materia de salud.

Disponer de una **conciencia ecológica** es transcendental, teniendo en cuenta el momento actual, así como el bienestar de las futuras generaciones y sociedades futuras. Como ya se conoce, algunos de los retos ecológicos actuales son: cambio climático, calentamiento del planeta, escasez de recursos, contaminación atmosférica, efecto invernadero, etcétera.

Como apunte final es importante mencionar la percepción de la satisfacción dependiendo de la comparación que se realiza con otras personas. En no pocas ocasiones, y relacionado con la **sociedad consumista,** las personas se fijan en lo que las demás tienen y ello conduce a pensar que para lograr un nivel mínimo de bienestar se debe tener al menos aquello que las demás personas poseen (por ejemplo, un piso, regalos, aparatos tecnológicos de última generación, etcétera).

1.3.4. Indicadores de género en materia de conciliación de la vida personal, familiar y laboral

¿Te gusta lo que haces todos los días? Esta pregunta es clave para constatar el grado de bienestar general de una persona, y es que las personas no se encuentran involucradas en un único ámbito a lo largo de cada día, sino en varios. Las personas son activas por naturaleza y, aunque puedan disfrutar descansando, estar sin hacer nada de forma permanente es más un motivo de aburrimiento que de satisfacción personal.

Cuando se menciona la **conciliación de la vida familiar, personal y laboral** se está haciendo referencia a la capacidad de las personas de una sociedad para hacer compatibles de modo satisfactorio el desarrollo de actividades reproductivas y productivas, de forma igualitaria según el sexo, sin que ello implique costes laborales no deseados por las personas y sin que se vea afectado el reemplazo generacional (estudio sobre la conciliación de la vida familiar y laboral en España).

En la actualidad, se asiste a la idea de una nueva formación del ideal de familia, la denominada **familia igualitaria** o **simétrica**: ambos cónyuges con empleo remunerado y compartiendo tareas domésticas. Sin embargo, aún persiste el reparto desigual entre hombres y mujeres, tanto de tareas domésticas como responsabilidades en el ámbito familiar, una consecuencia de la **división sexual del trabajo.** Tomando como referencia las ciencias sociales, la especie humana siempre ha dividido las actividades necesarias para la supervivencia de modo que a las mujeres se les ha atribuido aquellas tareas relacionadas con la reproducción y el cuidado de la vida, mientras que a los hombres se les ha atribuido aquellas tareas relacionadas con la producción. Esta **asignación tradicional de roles** influye en la posición desfavorable de las mujeres en el mundo laboral y, en definitiva, en el mercado de trabajo. Por lo general, son las mujeres quienes hacen más uso de las medidas de conciliación establecidas (bajas por maternidad, reducciones de jornada, excedencias…).

Formar parte del mundo laboral y tener un trabajo remunerado, es hoy día (en comparación con épocas pasadas) un aspecto central del funcionamiento personal y social de cada persona, y por ello las medidas de conciliación son indispensables. Algunos indicadores que hay que tener en cuenta al respecto son: número y porcentaje de mujeres y hombres en la plantilla de una empresa; número y porcentaje de mujeres y hombres en los niveles de responsabilidad; número de personas de la plantilla que se han acogido a permisos por maternidad, paternidad o excedencias por cuidado de familiares dependientes respecto al número de personas de la plantilla que podrían acogerse a estos permisos o excedencias, desagregado por sexo; número de personas de la plantilla que se han acogido a medidas de flexibilidad, ya sea temporales o espaciales, desagregado por sexo; grado de satisfacción de los empleados y empleadas en la empresa respecto a las medidas de igualdad y conciliación, etcétera.

Por otra parte, el **desempleo** es una de las principales causas de malestar, y si este es de larga duración, las consecuencias pueden llegar a ser preocupantes: pérdida de ingresos, pérdida de contacto social, aburrimiento diario, percepción de inutilidad, depresión, ansiedad, etcétera.

Dado lo anterior, no se debe olvidar la importancia que la profesión tiene en el bienestar personal de las personas, pues conviene recordar que se pasa la mayor parte de la vida ejerciendo una profesión. Si bien el bienestar de una persona favorece el bienestar en el trabajo, el bienestar en el trabajo influye en el bienestar general, aunque en menor medida.

Visto todo lo anterior y dada la enorme trascendencia respecto al conflicto que se genera entre la vida familiar y la vida laboral, solo cabe reconocer **la conciliación como una necesidad social.**

En definitiva, conciliar implica en primer lugar *cuestionar*, y posteriormente *transformar* el modelo tradicional de división sexual del trabajo.

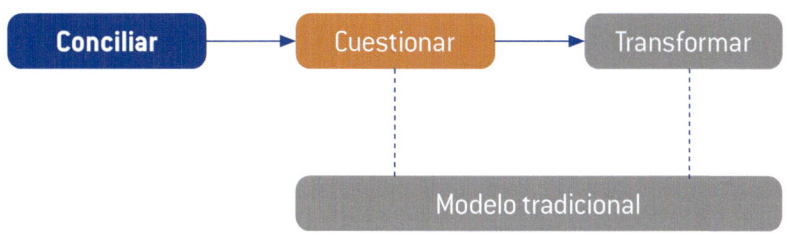

Figura 1.13. Conciliar implica cuestionar y transformar.

Por tanto, las **políticas públicas de conciliación** obtendrán sus objetivos si se definen en términos de corresponsabilidad familiar. Además deberán arbitrarse de forma que se proteja el derecho de la madre a acceder al mercado de trabajo y a permanecer en él sin que la situación familiar sea un elemento discriminatorio al igual que deberán proteger también el derecho del padre en el mismo sentido. De lo anterior se deduce el derecho de hijas e hijos a ser cuidadas/os y educadas/os por sus madres y padres, así como también el derecho de las personas mayores y personas dependientes a permanecer con sus familias mientras estas puedan proporcionar la atención requerida.

Relacionado con el ámbito de actuaciones, se mencionará el importante **Programa *Mainstreaming* de Género** (información extraída de la página oficial del Instituto de las Mujeres):

El Instituto de las Mujeres desarrolla su labor en la promoción de la transversalidad del principio de igualdad entre mujeres y hombres en todos los niveles de la Administración pública. En este sentido, y dando cumplimiento a la Ley de Igualdad, el Instituto ejecuta el programa de mainstreaming de género, que tiene como objetivo principal incorporar la transversalidad de género en los diferentes ámbitos de intervención de las políticas públicas, en particular, a través del asesoramiento a los centros directivos de la Administración General del Estado, la Autoridad de Gestión del Fondo Social Europeo, y a otro tipo de organismos, como, por ejemplo, redes transnacionales y comunidades autónomas. Este programa está cofinanciado por el Fondo Social Europeo.

Según el Consejo de Europa de 1998 la transversalidad de género, también conocida por su denominación en inglés mainstreaming de género, es «la (re)organización, mejora, desarrollo y evaluación de los procesos políticos para incorporar, por parte de los actores involucrados normalmente en dichos procesos, una perspectiva de igualdad de género en todos los niveles y fases de todas las políticas».

La transversalidad de género es una estrategia eficaz para el avance en la consecución de la igualdad entre mujeres y hombres en las políticas públicas y supone contribuir a eliminar desigualdades de género, corregir procedimientos y métodos de trabajo e impulsar tendencias de cambio social. No se trata de una aplicación esporádica de medidas puntuales, sino de la aplicación de políticas transversales de género que supongan un cambio estructural y social.

Aunque la estrategia de la transversalidad se recoge en diferentes normas, nacionales e internacionales, la referencia fundamental en el ámbito nacional es, sin duda, la Ley Orgánica 3/2007 para la Igualdad efectiva entre Mujeres y Hombres, que en su artículo 15 establece: «El principio de igualdad de trato y oportunidades entre mujeres y hombres informará, con carácter transversal, la actuación de todos los Poderes públicos. Las Administraciones públicas lo integrarán, de forma activa, en la adopción y ejecución de sus disposiciones normativas, en la definición y presupuestación de políticas públicas en todos los ámbitos y en el desarrollo del conjunto de todas sus actividades».

En este sentido, el Programa de Mainstreaming *de Género plantea una serie de actuaciones articuladas entorno a una serie de objetivos específicos que buscan:*

- *Apoyar a la Administración General del Estado en la integración de la perspectiva de género en las políticas que desarrolle.*

- *Apoyar al Fondo Social Europeo en la incorporación, seguimiento y evaluación de la transversalidad de género en las actuaciones que lleva a cabo en las diferentes comunidades autónomas.*

- *Incorporar la igualdad de oportunidades en los proyectos y actuaciones de carácter transnacional.*

- *Asesorar y apoyar a la Red Europea de* Mainstreaming *de Género.*

- *Fortalecer el movimiento asociativo de mujeres e impulsar su participación en el desarrollo de la política pública de igualdad.*

1.4. PROCESOS DE IDENTIFICACIÓN DE LAS BRECHAS DE GÉNERO EN EL ENTORNO DE INTERVENCIÓN

A modo de ampliación cabe señalar **dos tipos de brechas** dada su importancia en el entorno de intervención:

- **Brecha salarial:** se refiere a las diferencias salariales entre mujeres y hombres. La desigualdad de género no solamente afecta a la decisión de trabajar, sino también a las condiciones laborales y al desarrollo profesional de las mujeres.

- **Brecha tecnológica:** se utiliza para designar las desigualdades entre mujeres y hombres en la formación y en el uso de las nuevas tecnologías.

Figura 1.14. Las brechas de desigualdad de género son una medida estadística que da cuenta de la distancia de mujeres y hombres con respecto a un mismo indicador.

ACTIVIDAD FORMATIVA

Reflexiona y contesta brevemente a las siguientes preguntas que hacen referencia a la desigualdad existente en materia de conciliación de la vida personal, familiar y laboral:

1. Explica en qué consiste la división sexual del trabajo y qué diferencias establece respecto a mujeres y hombres en el ámbito familiar.

2. ¿De qué manera influye lo anterior respecto a las opciones de incorporación al mercado laboral de las mujeres?

ACTIVIDADES FINALES

De comprobación

1.1. **¿En qué consiste la participación?**

   a) En organizar, dirigir, tomar decisiones y efectuar acciones a fin de alcanzar las metas establecidas conjuntamente.

   b) Generación y aceptación de una normatividad a fin de funcionar como grupo.

   c) Las dos respuestas anteriores son correctas.

1.2. **¿Qué tipo de tareas se les ha atribuido tradicionalmente a las mujeres?**

   a) Las de reproducción y producción.

   b) Las de reproducción y cuidado.

   c) La de reproducción y automantenimiento.

1.3. **¿Con qué término se identifica el bienestar eudemónico?**

   a) Bienestar hedónico.

   b) Bienestar psicológico.

   c) Bienestar objetivo.

1.4. **¿A qué nos referimos cuando hablamos de brecha salarial?**

   a) Se refiere a las diferencias salariales entre mujeres y hombres.

   b) Se refiere a las similitudes salariales entre mujeres y hombres.

   c) Se refiere a las diferencias laborales entre mujeres y hombres.

1.5. **¿A qué nos referimos cuando hablamos de brecha tecnológica?**

   a) A las similitudes entre mujeres y hombres en la formación y en el uso de las nuevas tecnologías.

   b) A las desigualdades entre mujeres y hombres en la formación y en el uso de las nuevas tecnologías.

   c) A las desigualdades entre las propias mujeres en la formación y en el uso de las nuevas tecnologías.

1.6. **¿Cuál de los siguientes no es un indicador de bienestar?**

   a) PIB.

   b) PPA.

   c) PBI.

1.7. **¿Qué incluye el bienestar objetivo?**

   a) Bienestar material, físico y social.

   b) Bienestar físico y material.

   c) Bienestar social y físico.

1.8. **¿Qué incluye el bienestar subjetivo?**

   a) Bienestar hedónico y bienestar eudemónico.

   b) Bienestar hedónico y bienestar demónico.

   c) Bienestar hedónico y bienestar eumónico.

1.9. **¿Significa lo mismo alimentación y nutrición?**

   a) Sí.

   b) No.

1.10. **¿Qué dos tipos de relaciones son consideradas interpersonales?**

   a) Relaciones afectivas.

   b) Relaciones sexuales.

   c) Las dos respuestas anteriores son correctas.

De ampliación

1.1. Define el término autoeficacia percibida.

1.2. Indica algunas de las estrategias posibles que pueden adoptar las personas en el afrontamiento.

2. Identificación y gestión de recursos para la promoción de la igualdad efectiva de mujeres y hombres en diferentes contextos (salud y sexualidad, educación, ocio, deporte, movilidad, urbanismo, conciliación y gestión de tiempos)

Contenido

Si no puedes volar, entonces corre; si no puedes correr, entonces camina; si no puedes caminar, entonces arrástrate; pero hagas lo que hagas, sigue moviéndote hacia delante.

Martin Luther King

Figura 2.1. Los recursos sociales abarcan un conjunto de actuaciones e intervenciones dirigidas a la promoción y desarrollo pleno de todas las personas y colectivos, con el objetivo de lograr la mayor cota de bienestar social y calidad de vida.

Uno de los procesos más importantes que hace referencia a la interacción persona-ambiente es aquel a través del cual el espacio físico se convierte en un espacio significativo para alguien. Por ello, si se desea que un problema como la desigualdad de género no se mantenga ni perpetúe, es necesario proporcionar a las personas los **recursos** necesarios para poder hacer frente a las dificultades planteadas y que las personas encuentren bienestar en el ambiente en el que se desarrollan. Por ello, el acceso a los recursos así como el control de los mismos se torna fundamental.

En concreto, los **recursos sociales** hacen referencia a aquellos medios humanos, materiales, técnicos, financieros, institucionales, etc., de los cuales una sociedad se dota a sí misma. De esta forma se puede dar respuesta a las necesidades de personas, grupos y comunidades.

Los recursos o activos de una comunidad se pueden categorizar en varios niveles. Algunos de los más comunes son los siguientes:

1. **Los recursos de las personas:** sus habilidades, sus conocimientos, etcétera.

2. **Los recursos de las asociaciones:** tanto de las organizaciones comunitarias formales como los grupos de voluntariado, pues incluye a todas las redes informales y las formales en las que la gente se reúne. Por ejemplo, los clubs de fútbol, etcétera.

3. **Los recursos de organizaciones:** no son solo los servicios que proporcionan las organizaciones de ámbito local, sino los otros recursos que controlan (por ejemplo, parques, centros comunitarios y religiosos).

4. **Los recursos físicos de un área:** por ejemplo, los espacios verdes, los terrenos sin utilizar, los edificios, etcétera.

5. **Los recursos económicos:** la actividad económica es el núcleo de la reconstrucción de una comunidad, de ahí su importancia.

6. **Los recursos culturales:** la vida cotidiana se envuelve de arte y cultura, y en este caso se tendrían en cuenta, por ejemplo, los locales existentes para la música, el teatro, el arte, etcétera.

Los recursos sociales son escasos y limitados, por ello hay que gestionarlos eficazmente. Puesto que la sociedad es dinámica, y no estática, las necesidades también lo serán. Además, los recursos deben ser flexibles y adaptables a las transformaciones sociales. No deben ser vistos como un fin en sí mismos, sino un instrumento de trabajo. Así pues, la abundancia de los mismos no garantiza la resolución de todos los problemas.

Cuando una persona dispone de recursos, su conducta y forma de actuar varía, por ello conviene que, en el proceso de fomentar la participación, se favorezca también el desarrollo de habilidades y estrategias encaminadas a la adaptación de la persona a una nueva situación favorable y positiva.

2.1. PROCEDIMIENTOS DE ELABORACIÓN DE MAPA DE RECURSOS, SERVICIOS Y ACTUACIONES EN EL ENTORNO DE INTERVENCIÓN

Cuando se hace referencia a instrumentos de planeación como el mapa de recursos, se plantea el objetivo de recolectar y presentar la información de manera eficiente y organizada.

Figura 2.2. Los recursos deben ser convenientemente distribuidos.

En un **mapa de recursos** se identifican y también se representan los diferentes vínculos que existen en una comunidad, así como también en las distintas organizaciones existentes.

Este tipo de instrumentos debe ser utilizado cuando se pretende intervenir en un entorno dada una situación y unas circunstancias específicas, por ejemplo, la existencia de personas no comprometidas con la comunidad local y que además se encuentren aisladas y apartadas de las relaciones con la vecindad.

Se distinguen **dos ámbitos,** de modo que la organización de los diferentes servicios y recursos sea más sencilla:

1. **Ámbito estatal y autonómico.**

2. **Ámbito europeo e internacional.**

ÁMBITO ESTATAL

- **Ministerio de Sanidad:** corresponde al Ministerio de Sanidad, la propuesta y ejecución de la política del Gobierno en materia de salud, de planificación y asistencia sanitaria, así como el ejercicio de las competencias de la Administración General del Estado para asegurar a la ciudadanía el derecho a la protección de la salud.

  La organización del Ministerio de Sanidad se regula en el Real Decreto 718/2024, de 23 de julio, por el que se desarrolla la estructura orgánica básica del Ministerio de Sanidad.

- **Ministerio de Igualdad:** corresponde al Ministerio de Igualdad la propuesta y ejecución de la política del Gobierno en materia de igualdad y de las políticas dirigidas a hacer real y efectiva la igualdad entre mujeres y hombres, la prevención y erradicación de las distintas formas de violencia contra la mujer y la eliminación de toda forma de discriminación por razón de sexo, origen racial o étnico, religión o ideología, orientación sexual, identidad de género, edad, discapacidad o cualquier otra condición o circunstancia personal o social.

  Le corresponde, en particular, la elaboración y desarrollo de las normas, actuaciones y medidas dirigidas a asegurar la igualdad de trato y de oportunidades, especialmente entre mujeres y hombres, el fomento de la participación social y política de las mujeres, y la prevención y erradicación de cualquier forma de violencia contra la mujer.

- **Ministerio de Derechos Sociales, Consumo y Agenda 2030:** corresponde a este Ministerio garantizar el fortalecimiento y constante mejora del pilar social en España, traducido en derechos sociales efectivos para la ciudadanía; cumplir con los objetivos firmados en la Agenda 2030 y avanzar hacia un mundo más justo, igualitario y sostenible; mantener el compromiso con la ciudadanía y la sociedad civil; y facilitar la posibilidad de ejercer los derechos, con información accesible y detallada de todos los procedimientos que son competencia de este Ministerio.

- **Instituto de las Mujeres (IMs):** es un organismo autónomo adscrito al Ministerio de Igualdad, que tiene como funciones impulsar y desarrollar la aplicación transversal del principio de igualdad de trato y de oportunidades entre mujeres y hombres, así como elaborar, en cooperación con otros departamentos, los informes de aplicación de las Directivas de la Unión Europea, en las que el Instituto es el Organismo de fomento de la igualdad.

  El IM tiene su origen más inmediato en el Instituto de la Mujer y en la Dirección General para la Igualdad de Oportunidades, pues con el objetivo de racionalizar la organización de la Administración y evitar duplicidades ante organismos administrativos, mediante la Ley 15/2014, de 16 de septiembre (BOE, 17 de septiembre de 2014), se acuerda la integración de las competencias de la Dirección General para la Igualdad de Oportunidades dentro de los cometidos y estructura del Instituto de la Mujer, que pasó a denominarse «Instituto de la Mujer y para la Igualdad de Oportunidades».

Posteriormente, en la Ley de Presupuestos Generales del Estado para 2021, Disposición final cuarta, pasa a denominarse Instituto de las Mujeres.

El Instituto de la Mujer fue creado por la Ley 16/1983, de 24 de octubre, y la Dirección General para la Igualdad de Oportunidades emana del Real Decreto 1887/2011, de 30 de diciembre.

El Instituto de las Mujeres tiene como finalidad primordial la promoción y el fomento de las condiciones que posibiliten la libertad, la igualdad real y efectiva entre mujeres y hombres, y la participación de las mujeres en la vida política, civil, laboral, económica, social y cultural, así como la prevención y eliminación de toda clase de discriminación de las personas por razón de sexo.

ÁMBITO AUTONÓMICO

ANDALUCÍA
- *Consejería para la Igualdad y Bienestar Social. Junta de Andalucía.*
- *Instituto Andaluz de la Mujer.*

ARAGÓN
- *Departamento de Ciudadanía y Derechos Sociales.*
- *Instituto Aragonés de la Mujer.*

ASTURIAS
- *Consejería de Bienestar Social e Igualdad. Gobierno del Principado de Asturias.*
- *Instituto Asturiano de la Mujer.*

BALEARES
- *Conselleria de Presidència. Govern de les Illes Balears.*
- *Institut Balear de la Dona.*

CANARIAS
- *Consejería de Presidencia, Justicia e Igualdad. Gobierno de Canarias.*
- *Instituto Canario de Igualdad.*

CANTABRIA

- *Consejería de Presidencia y Justicia. Gobierno de Cantabria.*
- *Dirección General de la Mujer.*

CASTILLA-LA MANCHA

- *Presidencia de la Junta de Comunidades de Castilla-La Mancha. Junta de Castilla-La Mancha.*
- *Instituto de la Mujer de Castilla-La Mancha.*

CASTILLA Y LEÓN

- *Consejería de Familia e Igualdad de Oportunidades.*
- *Dirección General de la Mujer.*

CATALUÑA

- *Departament de Presidència.*
- *Institut Català de les Dones.*

CEUTA

- *Consejería de Educación, Cultura y Mujer. Ciudad Autónoma de Ceuta.*
- *Centro Asesor de la Mujer.*

EXTREMADURA

- *Consejería de Salud y Política Social. Junta de Extremadura.*
- *Instituto de la Mujer de Extremadura.*

GALICIA

- *Consellería de Traballo e Benestar.*
- *Secretaría Xeral da Igualdade.*

LA RIOJA

- *Consejería de Salud y Servicios Sociales. Gobierno de La Rioja.*
- *Dirección General de Política Social.*

MADRID

- *Consejería de Asuntos Sociales. Comunidad de Madrid.*
- *Dirección General de la Mujer.*

MELILLA

- *Consejería de Educación, Juventud y Deportes.*
- *Área de la Mujer.*

Las prestaciones de salud pública se ejercerán con un carácter de integralidad, a partir de las estructuras de salud pública de las Administraciones y de la infraestructura de atención primaria del Sistema Nacional de Salud. La Cartera de servicios de atención primaria incluye los programas de salud pública cuya ejecución se realiza mediante acciones que se aplican de manera individual por los profesionales de ese ámbito asistencial.

Para hacer efectiva esta prestación, la **Cartera de servicios de salud pública tiene una doble orientación:**

a) Orientada al diseño e implantación de políticas de salud.

b) Orientada directamente a la ciudadanía, que comprende:

   b.1. Programas intersectoriales, en los que los servicios prestados en el ámbito de la salud pública se agrupan en actuaciones sobre estilos de vida y otros determinantes del entorno que comportan un riesgo para la salud.

   b.2. Programas transversales, en los que los servicios prestados en el ámbito de la salud pública se agrupan en programas y actividades en las distintas etapas de la vida, programas y actuaciones sobre enfermedades transmisibles, no transmisibles, lesiones y accidentes, o programas para grupos de población con especiales necesidades.

La **Cartera de servicios comunes del Sistema Nacional de Salud** es el conjunto de técnicas, tecnologías o procedimientos, entendiendo por tales cada uno de los métodos, actividades y recursos basados en el conocimiento y experimentación científica, mediante los que se hacen efectivas las prestaciones sanitarias.

La Cartera contiene los servicios básicos y comunes, necesarios para llevar a cabo una atención sanitaria adecuada, integral y continuada a todas las personas usuarias del Sistema Nacional de Salud.

La Cartera de servicios comunes del Sistema Nacional de Salud debe garantizar la atención integral y la continuidad de la asistencia prestada a las personas usuarias, independientemente del nivel asistencial en el que se las atienda en cada momento.

Respecto a la **atención primaria,** indica que es el nivel básico e inicial de atención, que garantiza la globalidad y continuidad de la atención a lo largo de toda la vida del paciente, actuando como gestor y coordinador de casos y regulador de flujos. Comprenderá actividades de promoción de la salud, educación sanitaria, prevención de la enfermedad, asistencia sanitaria, mantenimiento y recuperación de la salud, así como la rehabilitación física y el trabajo social.

Todas estas actividades, dirigidas a las personas, a las familias y a la comunidad, bajo un enfoque biopsicosocial, se prestan por equipos interdisciplinares, garantizando la calidad y accesibilidad a las mismas, así como la continuidad entre los diferentes ámbitos de atención en la prestación de servicios sanitarios y la coordinación entre todos los sectores implicados.

La atención primaria, que incluye el abordaje de los problemas de salud y los factores y conductas de riesgo, comprende los apartados anteriores.

2.1.3. Centros de salud sexual y reproductiva y de planificación familiar

Los derechos sexuales y reproductivos han sido reconocidos por la comunidad internacional como derechos humanos en declaraciones, convenciones y pactos de las Naciones Unidas y diferentes organismos internacionales como la Organización de las Naciones Unidas (ONU), la Organización Mundial de la Salud (OMS) o la Unión Europea (UE). El primer tratado que reconoce expresamente los **derechos humanos de las mujeres** fue la «Convención sobre la Eliminación de Todas las Formas de Discriminación contra la Mujer» (CEDAW, por sus siglas en inglés), adoptada por la ONU, en 1979.

El concepto de **salud sexual y reproductiva** fue incorporado por primera vez en las Naciones Unidas en la Conferencia Internacional sobre la Población y el Desarrollo de El Cairo en 1994, donde se vincula de manera teórica el discurso sobre los derechos humanos y el derecho a la salud.

El Ministerio de Sanidad creó la **Estrategia nacional de salud sexual y reproductiva,** coordinada por el Observatorio de Salud de las Mujeres del Ministerio de Sanidad. Esta Estrategia es fruto del consenso entre sociedades científicas y profesionales, organizaciones sociales y población usuaria, personas expertas y representantes de las comunidades autónomas.

> Puedes ampliar más información en:
> **https://www.sanidad.gob.es/organizacion/sns/planCalidadSNS/pdf/equidad/ENSSR.pdf**

El concepto de **derechos sexuales** está en constante evolución y revisión, siendo su conceptualización fruto de un proceso que ha ido gestándose a partir de las reivindicaciones de los movimientos sociales. Es fundamental que los derechos sexuales de las personas sean reconocidos, promovidos, respetados y defendidos por todas las sociedades con todos sus medios, pues de esta forma se asegura el desarrollo de una sexualidad saludable.

Según la OMS, la **salud sexual** es *un estado de bienestar físico, mental y social en relación con la sexualidad. Requiere un enfoque positivo y respetuoso de la sexualidad y de las relaciones sexuales, así como la posibilidad de tener experiencias sexuales placenteras y seguras, libres de toda coacción, discriminación y violencia;* mientras que, por otra parte, la **salud reproductiva** *aborda los mecanismos de la procreación y el funcionamiento del aparato reproductor en todas las etapas de la vida. Implica la posibilidad de tener una sexualidad responsable, satisfactoria y segura, así como la libertad de tener hijos si y cuando se desee. Esta concepción de la salud reproductiva supone que las mujeres y los hombres puedan elegir métodos de control de la fertilidad seguros, eficaces, asequibles y aceptables, que las parejas puedan tener acceso a servicios de salud apropiados que permitan a las mujeres tener un seguimiento durante su embarazo y que ofrezcan a las parejas la oportunidad de tener un hijo sano.*

Figura 2.3. La salud sexual requiere un enfoque positivo y respetuoso de la sexualidad y las relaciones sexuales.

Los centros de salud sexual y reproductiva deben respetar tanto los **derechos sexuales** como los **derechos reproductivos,** que abarcan desde el derecho a decidir sobre la reproducción hasta el compromiso de garantía de atención sanitaria prenatal y posnatal apropiada. Además, uno de los derechos básicos de las mujeres en materia de salud reproductiva es el **derecho a la información y a decidir libremente** (algo especialmente importante en el caso de la población adolescente), lo cual implica ofrecer a las mujeres las alternativas basadas en la evidencia científica para que puedan tomar decisiones informadas y de manera autónoma sobre el cuidado que desean recibir en el proceso de embarazo, parto, puerperio y sobre los cuidados que deben proporcionarse al recién nacido/a.

Según la OMS, *la **planificación familiar** permite a las personas tener el número de hijos que desean y determinar el intervalo entre embarazos. Se logra mediante la aplicación de métodos anticonceptivos y el tratamiento de la* *esterilidad. Además, permite que las personas tomen decisiones bien fundamentadas con relación a su salud sexual y reproductiva. Brinda además la oportunidad de que las mujeres mejoren su educación y puedan participar más en la vida pública, en especial bajo la forma de empleo remunerado en empresas que no sean de carácter familiar. Tener una familia pequeña propicia que los padres dediquen más tiempo a cada hijo. Los niños que tienen pocos hermanos tienden a permanecer más años en la escuela que los que tienen muchos.*

Son muchos los **beneficios** que los servicios de la planificación familiar brindan a la ciudadanía, pues además de promocionar la salud, el bienestar y la autonomía de las mujeres, estas también pueden decidir si quieren quedarse embarazadas y en qué momento desean hacerlo, pueden evitar los embarazos no deseados, pueden decidir el número de hijas/hijos que desean tener, etc. Además de los ejemplos anteriores se consigue reducir la mortalidad infantil, se puede conseguir la disminución del embarazo de adolescentes, y también se previene la infección por el VIH y el SIDA. El Ministerio de Sanidad ha publicado en su página web el **Plan estratégico de Prevención y Control de VIH e ITS 2021-2030** en España, quedando a disponibilidad de toda la ciudadanía y del resto de Administraciones públicas.

Se establecen 4 objetivos estratégicos basados en la prevención, el diagnóstico precoz, el inicio temprano de los antirretrovirales y el manejo de la cronicidad, y la mejora de la calidad de vida de las personas afectadas. Y se acompaña de un bloque de elementos transversales: la igualdad de derechos, de trato y de oportunidades; la no discriminación y el pleno ejercicio de los derechos fundamentales sobre la base del Pacto Social; la mejora de los sistemas de información sanitaria y la mejora de la gobernanza.

Como principios rectores del plan se incluyen la cobertura universal de la salud, la equidad, la coordinación y la complementariedad con otros planes y actores, principios sin los que se tiene la constancia de que no es posible alcanzar las cotas aceptables de salud para la ciudadanía.

Puedes ampliar más información en:

https://www.sanidad.gob.es/ciudadanos/enfLesiones/enfTransmisibles/sida/planNalSida/Plan_de_Prevencion_y_Control1.pdf

Los centros de salud sexual y reproductiva, así como de planificación familiar, deben estar disponibles y ser de fácil acceso para todas las personas. Además, es importante que los agentes de salud estén capacitados en habilidades interpersonales siendo capaces de proporcionar toda la información necesaria, así como de llevar a cabo las tareas requeridas.

2.1.4. Servicios de ocio y tiempo libre

Según el **Ministerio de Derechos Sociales, Consumo y Agenda 2030,** el **ocio** se ha convertido en un tema de actualidad con dimensión educativa, cultural, social, consumista y política, ya que las generaciones de hoy disponen de un tiempo libre que conlleva nuevos problemas y necesidades socioeducativas.

Los servicios de ocio y tiempo libre estarán dedicados especialmente a la propuesta y realización de talleres, cursos, dinámicas y actividades que potencien las relaciones sociales y a la par sean capaces de combinar aspectos pedagógicos. Se pretende que las mujeres actúen de manera activa y participativa, y que de esta forma logren alcanzar unos niveles altos de empoderamiento.

Además, conviene tener en cuenta al colectivo masculino, pues si se pretende la consecución de igualdad de género sobre todas las áreas de la vida, no hay que olvidar que también los hombres deben ser destinatarios de las actividades basadas en igualdad. Construir una sociedad fundamentada en la igualdad también se consigue incorporando a los hombres la idea de que la plena igualdad de derechos y oportunidades es una situación social deseable que aportará beneficios a todas las personas, mujeres y hombres.

2.1.5. Becas y ayudas para acciones de ocio, cultura y deporte

Las ayudas, becas y subvenciones son fundamentales. Por ejemplo, el Instituto de las Mujeres es un organismo que convoca anualmente subvenciones destinadas a asociaciones y ONG para proyectos que compartan las políticas de igualdad llevadas a cabo por el organismo. El Instituto de las Mujeres señala que para acceder a estas convocatorias, las entidades y organizaciones, además de dedicarse con carácter prioritario y habitual a la realización de actividades dirigidas a la promoción de la igualdad de oportunidades entre mujeres y hombres, tienen que reunir, entre otros, los siguientes requisitos: carecer de fines de lucro, estar legalmente constituidas, y, en su caso, debidamente inscritas en el correspondiente registro público y tener un ámbito de actuación general.

2.1.6. Instituciones y principales servicios relacionados con la conciliación de la vida personal, familiar y laboral

La **conciliación de la vida familiar, personal y laboral** consiste en *la capacidad de las personas integrantes de una sociedad para hacer compatibles de modo satisfactorio el desarrollo de actividades reproductivas y actividades productivas, de forma igualitaria según el sexo, sin que ello implique costes laborales no deseados por las personas y sin que se vea afectado el reemplazo generacional* (Estudio sobre la conciliación de la vida familiar y laboral en España).

En la actualidad se asiste a una nueva formación del ideal de familia, la denominada **familia igualitaria o simétrica,** con ambos cónyuges con empleo remunerado y compartiendo tareas domésticas. Sin embargo, aún persiste el reparto desigual entre hombres y mujeres, tanto de tareas domésticas como responsabilidades en el ámbito familiar. La asignación tradicional de roles influye en la posición desfavorable de las mujeres en el mundo laboral y, en definitiva, en el mercado de trabajo.

Promover la conciliación por parte de las instituciones y servicios es hacer uso de una estrategia que facilita la consecución de la igualdad efectiva de mujeres y hombres. De esta manera se consigue una nueva organización del sistema tanto social como económico en el que tanto mujeres como hombres pueden hacer compatibles las diferentes facetas de su vida (empleo, familia, vida personal, etcétera).

Los distintos **agentes sociales** encargados de promover esta conciliación son:

- **Administraciones públicas:** quienes impulsan y desarrollan acciones de sensibilización e información dirigidas a la ciudadanía y a las organizaciones laborales. Además, desarrollan medidas de flexibilización de los horarios de los servicios públicos y privados, plantean determinadas medidas de reorganización de los tiempos de trabajo para favorecer la conciliación de su personal, etcétera.

- **Sindicatos:** quienes desarrollan información dirigida a todo el personal laboral, así como también al empresariado; incorporan en la negociación colectiva estrategias que permiten la conciliación de las diferentes facetas de la vida de una persona, etcétera.

- **Iniciativa social:** realizan estrategias de información y sensibilización a la ciudadanía entre otras muchas tareas.

- **Empresas:** desarrollan medidas que tienen como objetivo la ampliación y mejora de la normativa en materia de conciliación, además promueven medidas de flexibilidad (de horarios, de turnos...), etcétera.

2.2. MANEJO DEL MARCO NORMATIVO, DE GUÍAS Y MANUALES DE ÁMBITO EUROPEO, ESTATAL, AUTONÓMICO Y/O LOCAL

A continuación, se expone información relativa a los ámbitos de salud sexual y reproductiva; salud; ocio; salud y deporte; movilidad y urbanismo; conciliación de la vida personal, laboral y familiar; y la gestión de tiempos y mejora de la calidad de vida.

Figura 2.4. Conviene promover la conciliación por parte de las instituciones y servicios.

2.2.1. Salud sexual y reproductiva

En lo referente al **marco internacional,** los derechos sexuales son considerados una parte inalienable, integrante e indivisible de los **derechos humanos universales.** Además, desde la Cuarta Conferencia Mundial de las Mujeres, a través de la Plataforma para la Acción, los derechos humanos de las mujeres incluyen el derecho de ejercer control y decidir libre y responsablemente sobre los asuntos relacionados con su sexualidad (salud sexual y reproductiva), libres de coerción, discriminación y violencia.

El 18 de diciembre de 1979, la **Asamblea General de las Naciones Unidas** aprobó la **Convención sobre la Eliminación de Todas las Formas de Discriminación contra la Mujer,** que entró en vigor como tratado internacional el 3 de septiembre de 1981 tras su ratificación por 20 países. En 1989, décimo aniversario de la Convención, casi 100 naciones han declarado que se consideran obligadas por sus disposiciones.

La Convención fue la culminación de más de 30 años de trabajo de la Comisión de la Condición Jurídica y Social de la Mujer, órgano creado en 1946 para seguir de cerca la situación de la mujer y promover sus derechos. La labor de la Comisión ha coadyuvado a poner de manifiesto todas las esferas en las que a la mujer se le niega la igualdad con el hombre. Estos esfuerzos en pro del adelanto de la mujer han desembocado en varias declaraciones y convenciones, de las cuales la Convención sobre la Eliminación de Todas las Formas de Discriminación contra la Mujer es el documento fundamental y más amplio.

«…la máxima participación de la mujer, en igualdad de condiciones con el hombre, en todos los campos, es indispensable para el desarrollo pleno y completo de un país, el bienestar del mundo y la causa de la paz».

Puedes ampliar más información en:

https://www.inmujeres.gob.es/elInstituto/normativa/normativa/docs/convencion.pdf

En el ámbito europeo cabe destacar que el **Parlamento Europeo** aprobó la Resolución 2001/2128 (INI) sobre salud sexual y reproductiva, realizando además una serie de recomendaciones a los Gobiernos de los Estados miembros en materia de anticoncepción, embarazos no deseados y educación sexual. El **Instituto Europeo de Igualdad de Género** está dedicado a fomentar la igualdad de género en todas las políticas comunitarias y en las políticas nacionales resultantes, y a luchar contra la discriminación por razón de sexo. Otra de las tareas del Instituto será sensibilizar a los ciudadanos de la Unión Europea sobre este tema.

Puedes ampliar más información en:

https://eige.europa.eu

Instrumento de ratificación del Convenio del Consejo de Europa sobre prevención y lucha contra la violencia contra la mujer y la violencia doméstica, hecho en Estambul el 11 de mayo de 2011.

https://www.boe.es/boe/dias/2014/06/06/pdfs/ BOE-A-2014-5947.pdf

Respecto al **marco nacional,** existen varias referencias a la salud sexual, la igualdad de oportunidades y la violencia contra las mujeres, incluyendo el acoso y la violencia sexual.

Conviene tener muy en cuenta las siguientes leyes dada su importancia:

- Resolución de 16 de marzo de 2023, de la Secretaría de Estado de Función Pública, por la que se crea el Registro de planes de igualdad de las Administraciones públicas y sus protocolos frente al acoso sexual y por razón de sexo.

- Ley Orgánica 10/2022, de 6 de septiembre, de garantía integral de la libertad sexual.

- Ley 15/2022, de 12 de julio, integral para la igualdad de trato y la no discriminación.

- Ley Orgánica 2/2010, de 3 de marzo, de salud sexual y reproductiva y de la interrupción voluntaria del embarazo.

- Ley Orgánica 3/2007, de 22 de marzo, para la igualdad efectiva de mujeres y hombres.

- Plan Multisectorial frente a la infección por VIH y Sida. España. 2008/2012, del MSPS.

- Plan Estratégico de Igualdad de Oportunidades (2008-2011), aquellas acciones relacionadas con la salud sexual y reproductiva.

- I Plan de Acción para las Mujeres con Discapacidad aprobado por el Consejo de Ministros de 1 de diciembre de 2006.

- Ley Orgánica 1/2004, de 28 de diciembre, de Medidas de Protección Integral contra la Violencia de Género.

- Ley 16/2003, de 28 de mayo, de Cohesión y Calidad del Sistema Nacional de Salud.

- Ley 44/2003, de 21 de noviembre, de ordenación de las profesiones sanitarias.

- Real Decreto 1030/2006, de 15 de septiembre, por el que se establece la cartera de servicios comunes del Sistema Nacional de Salud.

- Ley 41/2002, de 14 de noviembre, básica reguladora de la autonomía del paciente y de derechos y obligaciones en materia de información y documentación clínica.

- Ley Orgánica 10/1995, de 23 de noviembre, del Código Penal.

- Ley 14/1986, de 25 de abril, General de Sanidad.

2.2.2. Salud

En lo que respecta al **ámbito nacional,** el **Ministerio de Sanidad** proporciona información útil ajustada a las diferentes necesidades de la ciudadanía. Se proporciona información acerca de temas tan variados como la actividad física y el sedentarismo, la alimentación saludable, la prevención del tabaquismo, el bienestar emocional, etcétera.

En el **ámbito internacional,** la **Organización Mundial de la Salud (OMS)** es un organismo especializado de las Naciones Unidas, fundado en 1948, y, además, es el principal referente. Su objetivo es alcanzar, para todos los pueblos, el mayor grado de salud. Los principios por los cuales se rige la OMS son los que se incluyen en el cuadro siguiente.

CONSTITUCIÓN DE LA ORGANIZACIÓN MUNDIAL DE LA SALUD: PRINCIPIOS

- *La salud es un estado de completo bienestar físico, mental y social, y no solamente la ausencia de afecciones o enfermedades.*

- *El goce del grado máximo de salud que se pueda lograr es uno de los derechos fundamentales de todo ser humano sin distinción de raza, religión, ideología política o condición económica o social.*

- *La salud de todos los pueblos es una condición fundamental para lograr la paz y la seguridad y depende de la más amplia cooperación de las personas y de los Estados.*

- *Los resultados alcanzados por cada Estado en el fomento y protección de la salud son valiosos para todos.*

- *La desigualdad de los diversos países en lo relativo al fomento de la salud y el control de las enfermedades, sobre todo las transmisibles, constituye un peligro común.*

- *El desarrollo saludable del niño es de importancia fundamental; la capacidad de vivir en armonía en un mundo que cambia constantemente es indispensable para este desarrollo.*

- *La extensión a todos los pueblos de los beneficios de los conocimientos médicos, psicológicos y afines es esencial para alcanzar el más alto grado de salud.*

- *Una opinión pública bien informada y una cooperación activa por parte del público son de importancia capital para el mejoramiento de la salud del pueblo.*

- *Los Gobiernos tienen la responsabilidad de garantizar la salud de sus pueblos, la cual solo puede ser cumplida mediante la adopción de medidas sanitarias y sociales adecuadas.*

2.2.3. Ocio

Promover actividades y espacios de ocio seguro para las mujeres es fundamental para lograr la participación femenina.

Se debe hacer hincapié en la necesidad de posicionar en el debate público las discriminaciones y violencias específicas que viven las mujeres en el derecho al ocio y disfrute de los espacios públicos y buscar soluciones conjuntas y eficaces.

2.2.4. Salud y deporte

Existen numerosos estudios que avalan la efectividad del deporte a la hora de mejorar notablemente la calidad de vida en las personas. Algunos de los **efectos psicofísicos** más inminentes son:

- Reducción del estrés.

- Mejora del estado de ánimo.

- Incremento de la autoestima.

- Mejora del autoconcepto.

- La asertividad.

- La estabilidad emocional.

- La independencia.

- Mejora en la conciliación del sueño.

En lo que respecta al **ámbito nacional,** el **Ministerio de Educación, Formación Profesional y Deporte** es el departamento de la Administración General del Estado encargado de:

1. La propuesta y ejecución de la política del Gobierno en materia educativa y de formación profesional del sistema educativo y para el empleo.

2. La propuesta y ejecución de la política del Gobierno en materia de deporte.

El **Consejo Superior de Deportes** es un organismo relevante que está definido en la Ley 39/2022, de 30 de diciembre, del Deporte, como un Organismo Autónomo de carácter administrativo, a través del cual se ejerce la actuación de la Administración del Estado en el ámbito del deporte.

El Consejo Superior de Deportes ha promulgado el Manifiesto por la Igualdad y la Participación de la Mujer en el Deporte y también como expresa en este se adhiere a los **Principios de la Declaración de Brighton** como hoja de ruta referente de ámbito internacional en materia de Mujer y Deporte.

El Consejo dispone del programa UNIVERSO MUJER III, que tiene por objeto la promoción y el incremento de la participación femenina en todos los ámbitos del deporte, para contribuir a la mejora y transformación social a través de los valores del deporte. Se busca alcanzar una sociedad más igualitaria donde la mujer y el deporte sean parte esencial del crecimiento del país.

UNIVERSO MUJER III pretende profundizar en la dimensión social y cultural del deporte para impulsar un cambio en el estilo de vida de los españoles y fomentar el deporte en las mujeres, mediante su promoción y visibilización.

UNIVERSO MUJER III se materializa en la puesta en marcha de proyectos que busquen la difusión y promoción del deporte femenino a través de 5 grandes pilares de actuación:

1. Formación como elemento de excelencia.
2. Plan de desarrollo deportivo: desde la base hasta la élite.
3. Visibilización y promoción de la mujer en el deporte y en la sociedad.
4. Liderazgo.
5. Mujer, salud y deporte.

Puedes ampliar más información en:
https://www.csd.gob.es/es

En el **ámbito europeo,** la **Unión Europea** indica que el papel de la educación, la formación y la política orientada hacia los jóvenes y el deporte es fundamental en una economía basada en el conocimiento. Estos son factores que sostienen el crecimiento y el empleo favoreciendo la aparición de una población altamente cualificada y adaptable y, además, refuerzan la cohesión social y la ciudadanía activa en la Unión Europea (UE). A través de los programas a favor de la educación, la formación, la juventud y el deporte, la UE desarrolla y refuerza la dimensión europea, facilita la movilidad y fomenta la cooperación internacional. La UE apoya y completa la acción de los Estados miembros, de conformidad con lo dispuesto en los artículos 165 y 166 del Tratado de Funcionamiento de la Unión Europea.

Respecto a instituciones y organismos de la Unión Europea en lo que se refiere a esta materia, se señalan los siguientes:

- **Parlamento Europeo:** Comisión de Cultura y Educación.
- **Consejo de la Unión Europea:** Educación, Juventud, Cultura y Deporte.
- **Comisión Europea:** Deporte.
- **Comité de las Regiones:** Comisión de Política Social, Educación, Empleo, Investigación y Cultura (SEDEC).

2.2.5. Movilidad y urbanismo

Se entiende por **movilidad** el *conjunto de desplazamientos, de personas y mercancías, que se producen en un entorno físico.* La **movilidad urbana** hace referencia a la *totalidad de desplazamientos que se realizan en la ciudad* (en coche, en transporte público, en bicicleta, etc.). Por ello, facilitar la **accesibilidad** a estos mismos es importante, pues a través de los medios de transporte se facilita la movilidad de las personas. Es fundamental ampliar el ámbito de acción del transporte al desarrollo urbanístico, a la prestación de servicios y al modelo de ciudad.

Los diseños deben buscar oportunidades con el objetivo de conciliar la vida familiar y laboral sin realizar distinción de sexos, evitando dotar de una mayor responsabilidad a la mujer en el ámbito doméstico y provocando con ello su renuncia al desarrollo profesional. Por tanto, es necesario dotar a las mujeres de un papel clave en la sociedad urbana, sustituyendo o compensando los roles tradicionales que aún hoy impiden un desarrollo pleno e independiente.

En el **ámbito nacional,** la **Estrategia de Movilidad Segura, Sostenible y Conectada 2030** fue aprobada por Consejo de Ministros, el 10 de diciembre de 2021. Es la hoja de ruta que guiarán las actuaciones del Ministerio de Transportes, Movilidad y Agenda Urbana (MITMA) en materia de transportes y movilidad en los próximos diez años. Se desarrolla a través de 9 ejes estratégicos, que se componen de más de 40 líneas de actuación con más de 150 medidas concretas.

La Estrategia se basa en la cooperación, coordinación e integración interadministrativa. Además, se sometió a un ambicioso proceso de participación pública durante el último trimestre de 2020, el Diálogo Abierto de Movilidad, para entablar un debate real con todos los actores del ecosistema de la movilidad y con la sociedad en su conjunto. Durante 2021 se ha sometido a otras formas de participación pública (encuestas y talleres territoriales).

Cuenta con el apoyo de un instrumento normativo, la Ley de Movilidad Sostenible, y un instrumento presupuestario, el Plan de Recuperación, Transformación y Resiliencia.

Puedes ampliar más información en:
https://esmovilidad.transportes.gob.es

Respecto al **ámbito europeo,** la Agencia Europea de Medio Ambiente (AEMA) es una agencia de la Unión Europea que proporciona conocimientos y datos para ayudar a alcanzar los objetivos medioambientales y climáticos de Europa. En colaboración con su red asociada, Eionet, la AEMA informa a los responsables de la toma de decisiones y al público sobre el estado del medio ambiente, el cambio climático y las cuestiones más generales de sostenibilidad en Europa.

Las tareas principales de la AEMA se definen en el Reglamento constitutivo de la UE e incluyen:

- Apoyar el desarrollo de políticas y procesos mundiales clave.

- Aportar conocimientos analíticos.

- Proporcionar y mantener una infraestructura de notificación eficiente para los flujos de datos nacionales e internacionales.

Puedes ampliar más información en:

https://www.eea.europa.eu/es

2.2.6. Conciliación de la vida personal, laboral y familiar y la gestión de tiempos

Las medidas legislativas y políticas, cuyo objetivo principal es la conciliación de la vida laboral, familiar y personal, se enmarcan dentro de los objetivos dirigidos a promover y fomentar la igualdad de oportunidades y trato entre mujeres y hombres.

Para facilitar la conciliación de la vida personal, laboral y familiar, la legislación española se rige por la siguiente normativa:

- Ley 39/1999, de 5 de noviembre, para promover la conciliación de la vida familiar y laboral de las personas trabajadoras.

- Ley Orgánica 3/2007, de 22 de marzo, para la igualdad efectiva de mujeres y hombres, la cual reconoce el derecho a la conciliación de la vida laboral, familiar y personal, y fomenta la corresponsabilidad entre mujeres y hombres: *Los derechos de conciliación de la vida personal, familiar y laboral se reconocerán a los trabajadores y las trabajadoras en la forma que fomenten la asunción equilibrada de las responsabilidades familiares, evitando toda discriminación basada en su ejercicio.*

- Real Decreto Ley 5/2023, de 28 de junio, por el que se modifica el Estatuto de Trabajadores y concretamente los permisos y las medidas de conciliación de la vida familiar y profesional, entre otras.

  Este RD Ley 5/2023 introduce cambios en los permisos laborales, como consecuencia de la transposición de la Directiva de la UE 2019/1158, de 20 de junio de 2019, relativa a la conciliación de la vida familiar y profesional de los progenitores y cuidadores.

También se han introducido cambios en materia de adaptación y distribución de la jornada, en la forma de prestación de servicios, incluyendo el trabajo a distancia.

Algunos ejemplos de medidas de conciliación que la legislación contempla son:

- Permisos retributivos: maternidad, paternidad, lactancia, vacaciones, etcétera.

- Permisos no retributivos: reducción de jornada, excedencias (voluntaria, guarda legal, cuidado de familiares, etcétera).

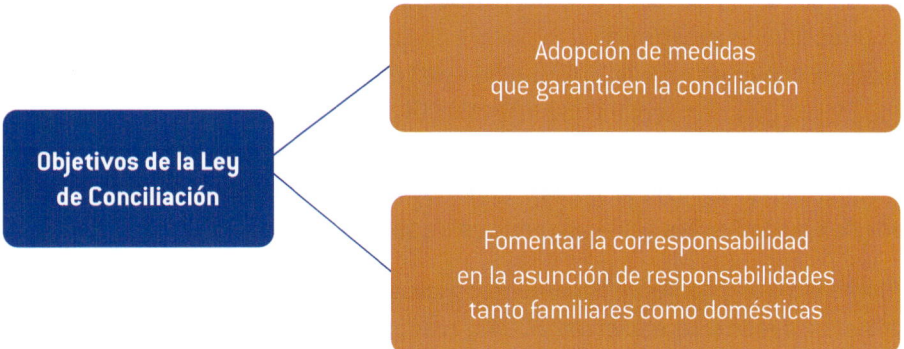

Figura 2.5. Objetivos de la Ley de Conciliación.

2.2.7. Mejora de la calidad de vida

Un **estilo de vida** es el conjunto de actitudes y comportamientos que adoptan y desarrollan las personas de forma individual o colectiva para satisfacer sus necesidades como seres humanos y alcanzar su desarrollo personal.

La Organización Mundial de la Salud (OMS) definió, en 1986, el estilo de vida como «una forma general de vida basada en la interacción entre las condiciones de vida en un sentido amplio y los patrones individuales de conducta determinados por factores socioculturales y características personales».

El estilo de vida que se adopta tiene repercusión en la salud tanto física como psíquica. Un **estilo de vida saludable** repercute de forma positiva en la salud. Comprende hábitos como la práctica habitual de ejercicio, una alimentación adecuada y saludable, el disfrute del tiempo libre, actividades de socialización, mantener la autoestima alta, etcétera.

Un **estilo de vida poco saludable** es causa de numerosas enfermedades como la obesidad o el estrés. Comprende hábitos como el consumo de sustancias tóxicas (alcohol, drogas), el tabaquismo, el sedentarismo, las prisas, la exposición a contaminantes, etcétera.

2.3. IDENTIFICACIÓN Y UTILIZACIÓN DE LOS RECURSOS DISPONIBLES EN EL OBSERVATORIO DE LA SALUD DE LAS MUJERES DEL MINISTERIO DE SANIDAD, MINISTERIO DE DERECHOS SOCIALES Y AGENDA 2030 Y MINISTERIO DE IGUALDAD

En el marco de la Ley Orgánica 3/2007, de 22 de marzo, para la igualdad efectiva de mujeres y hombres, y en respuesta a las Recomendaciones de la UE y del resto del ámbito internacional sobre inclusión de la perspectiva de género en las políticas públicas de salud, el **Observatorio de Salud de las Mujeres,** de la Dirección General de Salud Pública, trabaja en la elaboración de líneas de actuación comunes para la disminución de las desigualdades de género en salud, desde una perspectiva de participación y colaboración entre el conjunto de agentes con implicación en esta área, generando y difundiendo conocimiento que permita el análisis de género y promueva la inclusión del enfoque de género y la equidad en las políticas públicas de salud.

El intenso y ampliamente documentado trabajo del Observatorio de Salud de las Mujeres, desde su creación en 2004 y reactivación en 2019, se ha centrado en transversalizar el género en las políticas de salud; atender la violencia contra las mujeres en el ámbito sanitario; promover la salud sexual y reproductiva; y facilitar la formación en estas materias para el conjunto del SNS.

Establece sus actuaciones en base a los planes estratégicos nacionales tanto de salud como de igualdad, a la vez que desarrolla los objetivos planteados en la Agenda 2030 de desarrollo sostenible en relación con la igualdad de género y el empoderamiento de las mujeres y niñas. Además, atiende las medidas relativas al ámbito de la salud y de la asistencia sanitaria del Pacto de Estado contra la Violencia de Género, aprobado en el año 2017 por el Congreso.

Es, por tanto, el Observatorio de Salud de las Mujeres un órgano de asesoramiento y análisis, que tiene el objetivo de analizar las políticas de salud y proponer acciones para reducir las desigualdades de género en este ámbito, a través del conocimiento y comprensión de la salud de las mujeres y de los hombres, de sus problemas y de sus necesidades, para la mejora del funcionamiento del sistema sanitario y de la salud y calidad de vida de la ciudadanía.

Puedes ampliar más información en:
https://www.observatoriosaludmujeres.es

Con el objetivo de clarificar los diferentes observatorios existentes, se expone brevemente un resumen de cada uno de ellos.

El **Observatorio de Igualdad de Oportunidades entre Mujeres y Hombres** es un órgano gestionado por el Instituto de las Mujeres, al asumir las funciones de Secretaría, que le atribuye el Real Decreto de creación, y tiene por objeto la construcción de un sistema de información con capacidad para conocer la situación de las mujeres, respecto a la de los hombres, y el efecto de las políticas institucionales puestas en marcha, para promover la participación de las mujeres, en todos los ámbitos, en un plano de igualdad.

A través del Observatorio de Igualdad se pretende, por una parte, hacer una valoración de la situación de la mujer en diversas áreas, como Empleo, Educación, Reparto de responsabilidades, Poder y toma de decisiones, Salud y Exclusión social y, de otra, evaluar los efectos producidos por las políticas de igualdad puestas en marcha, en los aspectos más generales y, probablemente, más importantes de esas políticas.

Por tanto, los objetivos del Observatorio son, por una parte, recabar, analizar y difundir información periódica y sistemática sobre la situación de las mujeres y de los hombres, en cada momento y a lo largo del tiempo, con el fin de conocer los cambios sociolaborales registrados y, por otra, proponer políticas tendentes a mejorar la situación de las mujeres en distintos ámbitos.

Figura 2.6. El Observatorio de Salud de las Mujeres elabora líneas de actuación comunes para la disminución de desigualdades en salud por razón de género.

El **Observatorio de la Imagen de las Mujeres (OIM):** en sus inicios, el Observatorio de la Publicidad Sexista se creó en 1994 para dar cumplimiento de los compromisos legales, tanto europeos como nacionales, de fomentar una imagen equilibrada y no estereotipada de las mujeres.

Se gestiona desde el Instituto de las Mujeres como Organismo autónomo encargado de velar por el tratamiento no sexista de la imagen de las mujeres en la publicidad, los medios de comunicación, internet o cualquier otra forma de promoción y difusión educativa, cultural o recreativa.

Su objeto es analizar la representación de las mujeres en la publicidad y en los medios de comunicación, ver cuáles son los roles más significativos que se les atribuyen y, en el caso de que estos sean sexistas, realizar acciones que contribuyan a suprimir las imágenes estereotipadas.

Además de los dos anteriores, el Ministerio de Sanidad o el Consejo General del Poder Judicial tienen órganos específicos que asesoran, analizan, evalúan y difunden toda la información relativa a las políticas transversales sobre igualdad de género en sus respectivos ámbitos de actividad. Según el Instituto de las Mujeres estos son algunos:

- **Observatorio Estatal de Violencia sobre la Mujer:** es un órgano colegiado interministerial, al que corresponde el asesoramiento, evaluación, colaboración institucional, elaboración de informes y estudios, y propuestas de actuación en materia de violencia de género. Está adscrito a la Secretaría de Estado de Igualdad y contra la Violencia de Género, a través de la Delegación del Gobierno contra la Violencia de Género.

- **Observatorio contra la Violencia Doméstica y de Género del Consejo General del Poder Judicial:** es una institución creada en el año 2002, cuya finalidad principal consiste en abordar el tratamiento de estas violencias desde la Administración de Justicia. Está integrado actualmente por el Consejo General del Poder Judicial, el Ministerio de Justicia, el Ministerio de Sanidad, Servicios Sociales e Igualdad, el Ministerio del Interior, la Fiscalía General del Estado, las CC. AA. con competencias transferidas en Justicia, el Consejo General de la Abogacía Española y el Consejo General de Procuradores de España.

  El Observatorio contra la Violencia Doméstica y de Género es un instrumento de análisis y de actuación que, en el ámbito de la Administración de la Justicia, promueve iniciativas y medidas dirigidas a erradicar el problema social de la violencia doméstica y de género.

- **Observatorio militar para la igualdad entre mujeres y hombres en las Fuerzas Armadas:** entre sus funciones se encuentra analizar, debatir y, en su caso, realizar propuestas para mejorar la incidencia que las actividades relacionadas con el desarrollo de la carrera militar tienen sobre la igualdad efectiva y real entre mujeres y hombres, así como sobre la conciliación de la vida personal, familiar y laboral; hacer seguimiento y conocer las principales aportaciones del Comité de Perspectivas de Género de la OTAN y sobre el desarrollo del conjunto de acciones sobre mujeres, paz y seguridad, especialmente en el ámbito de Naciones Unidas, OTAN y Unión Europea; analizar la información estadística sobre la mujer en las Fuerzas Armadas, especialmente la comparativa con el hombre en relación con las medidas de conciliación y la Unidad de destino; promover, analizar y difundir, especialmente en el ámbito de las Fuerzas Armadas, información que favorezca la integración de la mujer; analizar las cuestiones relacionadas con la igualdad y la conciliación de la vida profesional, personal y familiar en las Fuerzas Armadas que se le planteen a este órgano; y conocer, cuando se considere necesario, las Memorias del análisis de impacto normativo de las medidas que se establezcan en los anteproyectos y proyectos dispositivos del Ministerio de Defensa y cualquier otra que guarde relación con el objeto de este órgano.

- **Observatorio de Mujeres, Ciencia e Innovación (OMCI):** es un órgano colegiado interministerial que tiene la responsabilidad de analizar y realizar el seguimiento y medición de impactos sobre la situación de las mujeres en el ámbito de la investigación, el desarrollo y la innovación; así como fomentar, proponer, asesorar e impulsar la realización de políticas públicas y de actuaciones en dichos ámbitos para acabar con los obstáculos visibles e invisibles para una igualdad de género real y efectiva; y promover la mejora de la situación de las mujeres en el Sistema Español de Ciencia, Tecnología e Innovación.

  El fin último del Observatorio es avanzar hacia la igualdad de género en los ámbitos de la ciencia, la tecnología y la innovación, en sus dos vertientes, la presencia equilibrada de mujeres y hombres en todos los ámbitos y niveles y la integración transversal de la perspectiva de género en la I+D+i.

- **Observatorio de Igualdad de Género en el ámbito de la Cultura:** el objeto del Observatorio es el impulso de la presencia de las mujeres y de la igualdad de oportunidades en todas las manifestaciones culturales y en puestos de responsabilidad competencia del Ministerio de Cultura. Para cumplir este objetivo, el Observatorio analizará la información en materia de género para detectar situaciones de desigualdad y establecer medidas correctoras, propiciará la producción artística y la representación femenina en las distintas manifestaciones culturales, impulsará la elaboración de censos de expertas en igualdad de género y cultura, y promocionará el trabajo de las mujeres y su participación equilibrada en jurados y órganos de valoración.

- **Observatorio de Igualdad de RTVE:** se aprueba por el Consejo de Administración, en noviembre de 2017, por mandato del Pacto de Estado contra la violencia de género (2017). Se constituye oficialmente el 31 de enero de 2018 para velar por el cumplimiento de los compromisos legales en materia de igualdad de la Corporación y para hacer seguimiento de los contenidos de RTVE con el objetivo de garantizar que en ellos se respete la igualdad entre mujeres y hombres. El Observatorio de Igualdad de RTVE está reconocido en la Estrategia Estatal contra las Violencias Machistas 2022-2025 del

Ministerio de Igualdad como una de las unidades responsables dentro del eje de sensibilización, prevención y detección de las distintas formas de violencias machistas.

Desde septiembre de 2022, el Observatorio de Igualdad de RTVE asume una vocalía en el Observatorio Estatal de Violencia sobre la Mujer, órgano adscrito al Ministerio de Igualdad para el asesoramiento, evaluación, colaboración institucional, elaboración de informes y estudios, y propuestas de actuación en materia de igualdad de género.

- **Observatorio de Género, Constitución y reformas estatutarias INAP:** observatorio creado en el seno del Instituto Nacional de la Administración Pública para estimular el debate público sobre la introducción de la perspectiva de género en el actual debate de reformas estatutarias autonómicas, servir de plataforma para que los diferentes actores sociales (políticos, mundo académico, mundo sindical, asociaciones, etc.) puedan involucrarse en la Gobernanza Pública y aportar recomendaciones políticas con el objetivo de mejorar la formulación del *mainstreaming* de género en los ámbitos nacional y autonómico.

- **Observatorio de Igualdad de Género de América Latina y el Caribe:** es una herramienta creada por la CEPAL en respuesta al acuerdo de los Gobiernos en la X Conferencia Regional sobre la Mujer de América Latina y el Caribe (Consenso de Quito, 2007), en la que se solicita al Sistema de Naciones Unidas la creación de este Observatorio. El propósito del Observatorio es contribuir al fortalecimiento de los Mecanismos Nacionales para el Adelanto de las Mujeres, poner a disposición información oficial de los Gobiernos de la región y facilitar el seguimiento de los acuerdos internacionales de derechos de las mujeres. Asimismo, contribuye a la implementación de la Agenda Regional de Género adoptada en la Conferencia Regional sobre la Mujer de América Latina y el Caribe, y de la Agenda 2030 para el Desarrollo Sostenible.

2.3.1. Plan de calidad del Servicio Nacional de Salud

La Ley 16/2003, de 28 de mayo, de Cohesión y Calidad del Sistema Nacional de Salud español contempla en su Capítulo VI, Sección I, artículo 61, el desarrollo de Planes de Calidad del Sistema Nacional de Salud.

Según el Ministerio de Sanidad el principal objetivo del **Plan de Calidad para el Sistema Nacional de Salud** es dar respuesta a los retos que tiene planteados el Sistema Nacional de Salud, incrementando la cohesión del sistema; garantizando la equidad en la atención sanitaria a los ciudadanos, con independencia del lugar en el que residan; y asegurando que esta atención sea de la máxima calidad. Se estructura en seis grandes áreas de actuación.

Estas seis grandes áreas con sus objetivos específicos son las siguientes:

- **Protección, promoción de la salud y prevención:** proteger la salud y hábitos de vida. El conjunto de actividades que se engloban bajo la denominación de Sanidad Exterior constituye una competencia exclusiva del Estado. A través de ellas el Estado vigila y controla los posibles riesgos para la salud derivados de la importación, exportación y tránsito de mercancías, así como del tráfico internacional de viajeros. Su importancia ha quedado de manifiesto a la hora de adoptar las medidas necesarias para hacer frente a situaciones como las derivadas de la neumonía asiática o de la gripe aviar y se hará aún más patente si cabe a la hora de aplicar las previsiones del Reglamento Sanitario Internacional.

- **Fomentar la equidad:** impulsar políticas de salud basadas en las mejores prácticas y analizar las políticas de salud y proponer acciones para reducir las inequidades en salud con énfasis en las desigualdades de género.

- **Apoyar la planificación y el desarrollo de los recursos humanos en salud:** adecuación de los recursos humanos del sistema nacional de salud a las necesidades de los servicios sanitarios.

  La planificación y el desarrollo de los recursos humanos en salud es un instrumento clave para impulsar la calidad de la atención. Una buena planificación tiene que ver, entre otras cosas, con mejorar los sistemas de información en materia de recursos humanos, conocer las necesidades a medio y largo plazo de especialistas y apoyar las Unidades Docentes encargadas de su formación. El Ministerio de Sanidad considera que la planificación de los recursos humanos es un elemento de primer orden para la calidad de los servicios sanitarios. Por ello, se inicia con el Plan de Calidad una línea de acción preferente que permita afrontar problemas que en esta materia tiene el Sistema Nacional de Salud desde hace ya años.

- **Fomentar la excelencia clínica:** evaluar las tecnologías y procedimientos clínicos como soporte a las decisiones clínicas y de gestión; acreditar y auditar centros y servicios sanitarios; mejorar la seguridad de los pacientes atendidos en los centros sanitarios del Sistema Nacional de Salud; mejorar la atención a los pacientes con determinadas patologías y mejorar la práctica clínica.

- **Utilizar las tecnologías de la información para mejorar la atención de los ciudadanos:** salud en línea. Con el fin de generalizar el uso de las nuevas tecnologías en el sistema sanitario para mejorar la atención a pacientes y a ciudadanos, se promoverá su uso desde los niveles más básicos de asistencia hasta las estructuras y dispositivos de mayor complejidad. Para ello se colaborará con todas las comunidades autónomas a fin de que desarrollen un conjunto de servicios sanitarios en línea que se apoyará en la implantación y/o extensión de diferentes soluciones en este ámbito: tarjeta sanitaria, historia clínica electrónica, receta electrónica y acceso telemático a información y trámites.

Dicho apoyo exigirá la adopción de criterios de interoperabilidad entre todos los Servicios de Salud. En este sentido, la aplicación de criterios de normalización de la información, junto con el desarrollo de una intranet sanitaria del Sistema Nacional de Salud, permitirá alcanzar uno de los objetivos del Sistema: facilitar al máximo la protección de la salud de los ciudadanos en todo momento y con independencia del lugar donde precisen atención sanitaria.

- **Mayor transparencia:** el Sistema de Información del Sistema Nacional de Salud (SI-SNS) es uno de los elementos clave para hacer frente a los retos derivados de la nueva realidad organizativa del Sistema Nacional de Salud y de las demandas de mayor y mejor información que sobre los servicios sanitarios públicos tienen tanto los ciudadanos como los pacientes, los profesionales y las Administraciones sanitarias.

El SI-SNS debe sustentarse en una incuestionable credibilidad técnica y una posición de neutralidad en el seno del Sistema Nacional de Salud, logrando el reconocimiento de los destinatarios de sus servicios a través de una elevada participación de los generadores y usuarios de la información en su desarrollo, y en un permanente esfuerzo de transparencia.

2.3.2. Informes sobre salud y género

A través de los llamados **informes de impacto de género** se pueden evaluar, entre otras, las políticas públicas de manera que se llegue a comprobar en qué medida las acciones desarrolladas han logrado los objetivos propuestos y si lo han hecho empleando medios adecuados. A partir de estos informes se puede detectar si una norma, un programa o cualquier actividad pública crea situaciones de desigualdad y provoca consecuencias no deseadas para uno u otro sexo.

Los informes de impacto de género son aquellos que acompañan los proyectos normativos y permiten llevar a cabo una previsión de cuáles serán los posibles efectos diferenciales que la aplicación de una norma puede tener sobre mujeres y hombres.

Por lo general, **una memoria de impacto de género deberá incluir los siguientes aspectos:**

a) Identificación de los objetivos en materia de igualdad de oportunidades.

b) Análisis del impacto de género.

c) Valoración del impacto de género una vez se ha llevado a cabo el informe de impacto de género, el cual puede ser finalmente catalogado como: negativo (en el caso de que no se prevea una eliminación o disminución de las desigualdades detectadas y no contribuya a las políticas de igualdad), nulo (cuando no existiendo desigualdades de partida en relación con la igualdad de oportunidades y de trato entre mujeres y hombres, no se prevea modificación alguna de esta situación) o positivo (cuando se prevea una disminución o eliminación de las desigualdades detectadas y contribuya a los objetivos de las políticas de igualdad).

d) Propuestas y recomendaciones con el objetivo de mejorar.

2.4. CARACTERIZACIÓN DEL MOVIMIENTO ASOCIATIVO RELACIONADO CON LA SALUD Y SEXUALIDAD, LA EDUCACIÓN, EL OCIO, EL DEPORTE, LA MOVILIDAD Y EL URBANISMO, LA CONCILIACIÓN DE LA VIDA PERSONAL, LABORAL Y FAMILIAR Y LA GESTIÓN DE TIEMPOS CON PERSPECTIVA DE GÉNERO EN EL ENTORNO DE INTERVENCIÓN

Tomando el **Instituto de las Mujeres** como principal referente, uno de sus fundamentales objetivos al respecto es fomentar el asociacionismo de las mujeres como instrumento de cambio de su situación social. Por este motivo ha impulsado la creación y mantenimiento del movimiento asociativo, a lo largo de su historia, bien directamente mediante subvención de programas, bien a través de la colaboración con las comunidades autónomas y entidades locales para alcanzar mejoras en el ámbito de la igualdad de oportunidades.

Su finalidad consiste en apoyar, por distintos medios, a las organizaciones que actúan a favor de los derechos de las mujeres, en el entendimiento de que sin asociaciones fuertes e independientes que aborden y transmitan los problemas de estas, será muy difícil que la Administración adopte siempre las respuestas necesarias.

Desde sus inicios, el Instituto de las Mujeres ha fomentado la creación de casas de acogida para mujeres maltratadas, servicios de orientación, pisos tutelados para mujeres jóvenes con cargas familiares, centros de asesoramiento jurídico, etcétera.

Figura 2.7. El Instituto de las Mujeres (IM) es un organismo autónomo adscrito al Ministerio de Igualdad.

El Instituto no solo ha derivado una parte importante de su presupuesto a subvencionar actividades de estos grupos, sino que también ha impartido cursos para orientar a las asociaciones sobre cómo trabajar en cuestiones de género, ha elaborado una gran base de datos con información sobre asociaciones, y se ha encargado de dar difusión a organizaciones y centros de interés que actúen en el ámbito de la igualdad de oportunidades.

El Instituto de las Mujeres utiliza los siguientes **instrumentos de apoyo:**

- **Convocatoria anual de subvenciones:** el Instituto de las Mujeres convoca anualmente subvenciones destinadas a asociaciones y ONG para proyectos que compartan las políticas de igualdad llevadas a cabo por el organismo. Para acceder a estas convocatorias, las entidades y organizaciones, además de dedicarse con carácter prioritario y habitual a la realización de actividades dirigidas a la promoción de la igualdad de oportunidades entre mujeres y hombres, tienen que reunir, entre otros, los siguientes requisitos: carecer de fines de lucro, estar legalmente constituidas, y, en su caso, debidamente inscritas en el correspondiente registro público y tener un ámbito de actuación general.

- **Seguimiento de programas:** con el seguimiento de los programas subvencionados se pretende, por una parte, disponer de información y conocimiento objetivo del desarrollo y ejecución de las actividades subvencionadas, y, por otra, en los casos necesarios, proponer o adoptar las medidas correctoras que faciliten la consecución de los objetivos y el cumplimiento de obligaciones por parte de las entidades beneficiarias. Para ello, se presta asesoramiento técnico de forma continuada y a requerimiento de las entidades beneficiarias. Durante los últimos años se han realizado diferentes actuaciones para facilitar los trámites y la gestión que conlleva la realización de los programas subvencionados y su posterior justificación.

- **Otras subvenciones:** el Instituto de las Mujeres colabora con el Ministerio de Trabajo y Economía Social en la evaluación de los proyectos presentados para el Colectivo Mujeres, dentro de la convocatoria de ayudas y subvenciones para la realización de programas de cooperación y voluntariado sociales, con cargo a la asignación tributaria del IRPF.

    Estas subvenciones se otorgan a proyectos cuyas finalidades sean favorecer la inserción social de las mujeres que se encuentran en situación o en riesgo de exclusión social, la incorporación de las mujeres al mundo laboral, la prevención y erradicación de la violencia contra las mujeres, o el fomento del empleo y el autoempleo de las mujeres. También a programas dirigidos a mujeres del ámbito rural y marítimo-pesquero. Por último, se cofinancian proyectos presentados con el fin de promover la igualdad de oportunidades entre mujeres y hombres.

- **Cesión de locales:** el Instituto de las Mujeres dispone de tres inmuebles que cede de forma gratuita a las asociaciones de mujeres para que puedan tener ubicadas allí sus respectivas sedes sociales. Actualmente, 34 ONG tienen instalado un despacho gratuito en estos locales. Además, este organismo cuenta también con un salón de actos y otras salas de reunión que cede de modo gratuito a asociaciones de mujeres y otras organizaciones que realizan actividades a favor de la igualdad de género.

- **Asesoramiento técnico:** con el fin de fortalecer el movimiento asociativo de mujeres como un instrumento para lograr la igualdad, el Instituto de las Mujeres realiza de manera continua actividades de asesoramiento técnico a ONG y entidades públicas o privadas que solicitan información relacionada con el movimiento asociativo o con los recursos específicos disponibles para las mujeres. Este asesoramiento se realiza mediante entrevistas personales, por teléfono, o a través de la celebración de cursos o jornadas informativas.

2.5. PROCEDIMIENTOS PARA EL DESARROLLO DE ACTUACIONES DE DIFUSIÓN Y SENSIBILIZACIÓN

Los diferentes organismos vistos a lo largo de este capítulo son referentes en el desarrollo e implantación de procedimientos destinados a generar actuaciones de difusión y sensibilización. Por ejemplo, el Instituto de las Mujeres pone a disposición de la ciudadanía todos los recursos y la información disponible de modo que pueda llegar al mayor número de personas posible.

Figura 2.8. La igualdad de género implica que las mujeres y los hombres, las niñas y los niños tengan los mismos derechos, los mismos recursos, las mismas oportunidades y la misma protección.

2.5.1. Necesidades físicas, psíquicas, emocionales, de salud reproductiva y sexualidad de las mujeres del entorno

El Instituto de las Mujeres señala que a través del programa de salud y servicios sociales se pretende contribuir a incorporar en las políticas de salud y en la atención sanitaria una perspectiva biopsicosocial y de género que permita abordar los modelos teóricos, las representaciones sociales sobre el hecho de ser mujer u hombre, las relaciones asimétricas entre ambos sexos, los factores que influyen en la subjetividad y aquellos socioculturales que dificultan a las mujeres hacer efectivo el derecho a gozar del máximo estado de bienestar posible, bien porque no cuentan con recursos personales suficientes, o bien porque sus necesidades y demandas específicas quedan invisibilizadas o no son priorizadas.

Los condicionantes de género afectan a esferas de la vida de las mujeres relacionadas con los roles; las actitudes personales; las relaciones con las demás personas, determinando también las prioridades de salud y, por tanto; la asignación de recursos; las relaciones profesional-usuaria/o; la vivencia de la salud y la enfermedad. En este marco y para contribuir a la consecución de estos fines, el Programa de Salud del Instituto de las Mujeres plantea las siguientes **líneas de actuación:**

- Impulsar la implementación del *mainstreaming* de género en políticas de salud en coordinación con los ámbitos central y autonómico.

- Promover la sensibilización y formación de profesionales y personal técnico de salud.

- Promover programas de salud con colectivos de mujeres en situación o riesgo de exclusión.

- Fomentar la producción, publicación y difusión de conocimiento sobre la salud de las mujeres entre profesionales y personal técnico y de gestión de servicios sociosanitarios.

- Impulsar la elaboración de materiales dirigidos a las mujeres.

Además, es fundamental dotar a todas las organizaciones de **inteligencia emocional** contribuyendo con ello a mejorar la salud y el bienestar de las personas. Formar al personal profesional en **competencias emocionales** contribuye a cambiar la perspectiva de las organizaciones, incluyendo las sanitarias que, si bien se han centrado en la enfermedad, deben reorientarse hacia la salud y el bienestar de las personas.

Una **competencia** es la capacidad para movilizar adecuadamente un conjunto de conocimientos, capacidades, habilidades y actitudes necesarias para realizar actividades diversas con un cierto nivel de calidad y eficacia (Bisquerra y Pérez, 2007). Las competencias emocionales nombradas englobarían muchos aspectos, algunos como las habilidades sociales, las habilidades comunicativas, la autorregulación emocional, etcétera.

Además del desarrollo de estas competencias en las personas, es necesario un igual desarrollo de **estrategias de afrontamiento,** que incluyen la capacidad para afrontar retos y situaciones de conflicto. Algunos conceptos muy relacionados que conviene tener en cuenta son:

1. **Resiliencia:** este término proviene de la ingeniería para referirse a la resistencia o elasticidad de los metales. Bowlby fue quien la tomó de la física para referirse a la cualidad de una persona que no se desanima y desarrolla la capacidad de superar las adversidades.

Figura 2.9. La capacidad de resiliencia.

Algunas características asociadas a personas resilientes son: alta autoestima, capacidad de afrontamiento, responsabilidad, tolerancia a la frustración, apoyo social, etcétera.

Figura 2.10. Una persona resiliente afronta la adversidad y es capaz de superarla.

2. **Reframing:** consiste en reenmarcar o reencuadrar una situación. Un *reframing* positivo consiste en sustituir los pensamientos negativos que acompañan a una situación por otros que sean más positivos para la persona.

2.5.2. Actividad deportiva de las mujeres

El Instituto de las Mujeres señala que la práctica regular de actividad físico-deportiva genera, para quien la realiza, beneficios globales: físicos, psíquicos, afectivos y sociales. Sin embargo, en muchos casos, aún es un campo limitado a la mujer, y ya no solo en el ámbito práctico o de participación en competiciones, sino también de representatividad en las diferentes estructuras deportivas, visibilización en los medios de comunicación, objeto de investigaciones científicas, etcétera.

El deporte y la práctica físico-deportiva son actividades totalmente integradas, aceptadas y valoradas positivamente en la sociedad; sin embargo, se siguen generando desigualdades entre hombres y mujeres, que hacen que el rol que la mujer desarrolla en este ámbito esté asociado a valores estereotipados, alejados de la realidad y que no facilitan su inclusión en este mundo.

Teniendo en cuenta esto, el Instituto de las Mujeres cree necesario y oportuno prestar especial interés a esta circunstancia y, por ello, plantea los siguientes objetivos:

• Fomentar la participación de las mujeres en la práctica de actividades físico-deportivas.

- Promover el cambio en los modelos de referencia del deporte femenino de cara a identificar este con valores acordes a la realidad.

- Facilitar el acceso de la mujer a los diferentes niveles de intervención y gestión deportiva.

- Desarrollar estrategias e instrumentos que garanticen el acceso igualitario a la participación y a la práctica de actividades físico-deportivas desde diferentes instituciones educativas y deportivas.

- Potenciar la investigación en los diferentes ámbitos de la práctica físico-deportiva de la mujer, que conlleve un desarrollo y una participación igualitaria.

- Establecer vías de comunicación y colaboración con entidades e instituciones relacionadas con el mundo del deporte de manera que permitan avances hacia una realidad físico-deportiva más equitativa.

Con la intención de cumplir los objetivos propuestos, el Instituto de las Mujeres ha firmado convenios con instituciones directamente relacionadas con la práctica físico-deportiva: el Consejo Superior de Deportes y el Comité Olímpico Español. La finalidad de estos convenios es colaborar para la realización de actividades dirigidas a promover la coeducación en la práctica deportiva, la elaboración y difusión de materiales didácticos, la promoción de la práctica deportiva, la investigación y análisis sobre este tema, etc.; en definitiva, desarrollar de manera conjunta actividades de defensa y promoción de la mujer en el deporte, para así estimular la participación deportiva de estas a todos los niveles, en todas las estructuras y en condiciones de igualdad.

En este ámbito se trabaja de manera permanente en el desarrollo de programas, actividades, publicaciones, formación, etc. que dirigen su labor hacia la consecución de los objetivos anteriormente señalados.

2.5.3. Espacios y tiempos de participación de las mujeres

Las políticas de igualdad de género han contribuido, desde la creación del Instituto de las Mujeres en 1983, a la mejora de la situación de mujeres y hombres, en su diversidad. Sin embargo, los avances conseguidos en el ámbito de la participación sociolaboral de las mujeres, como elemento esencial de su progreso, tal y como se ha constatado, de toda la sociedad, no son ni definitivos ni suficientes, ni se han traducido en la igualdad efectiva de mujeres y hombres que promulga nuestra legislación. Por eso, desde este organismo se continúa trabajando por la igualdad efectiva, teniendo en cuenta la diversidad existente entre las propias mujeres y en el entorno que desarrollan sus vidas.

Así, el Instituto de las Mujeres lleva a cabo programas para la promoción de dicha participación en colaboración con entidades locales y con organizaciones sectoriales que trabajan en el ámbito de la migración, las minorías étnicas, las personas mayores y la diversidad funcional, y que se articulan en:

- Programas territoriales (colaboración con entidades locales).
- Programas sectoriales (SARA).

2.5.4. Salud diferencial desde la perspectiva de género

Igualdad de género en salud significa que las mujeres y los hombres se encuentran en igualdad de condiciones para ejercer plenamente sus derechos y su potencial para estar sanos, contribuir al desarrollo sanitario y beneficiarse de los resultados.

La equidad de género significa una distribución justa de los beneficios, el poder, los recursos y las responsabilidades entre las mujeres y los hombres.

Existen diferencias entre los hombres y las mujeres en cuanto a las necesidades en materia de salud, al acceso y al control de los recursos, y que estas diferencias deben abordarse con el fin de corregir desequilibrios. Lograr la igualdad de género exige medidas concretas destinadas a eliminar las inequidades por género.

ACTIVIDAD FORMATIVA

Señala brevemente cuáles son los principales agentes sociales encargados de promover la conciliación de la vida personal, familiar y laboral.

© Ediciones Paraninfo

ACTIVIDADES FINALES

De comprobación

2.1. ¿A qué se hace referencia cuando se habla de recursos sociales?

a) A los medios humanos de los cuales una sociedad se dota a sí misma.

b) A aquellos medios principalmente materiales y técnicos de los cuales una sociedad se dota a sí misma.

c) A aquellos medios humanos, materiales, técnicos, financieros, institucionales, etc., de los cuales una sociedad se dota a sí misma.

2.2. ¿A qué ámbito pertenece el Instituto de las Mujeres?

a) Estatal.

b) Autonómico.

c) Internacional.

2.3. ¿A qué se refiere el concepto de movilidad sostenible?

a) A garantizar que nuestros sistemas de transporte respondan a las necesidades sociales y ambientales de las personas.

b) A garantizar que nuestros sistemas de transporte respondan a las necesidades económicas y ambientales de las personas.

c) A garantizar que nuestros sistemas de transporte respondan a las necesidades económicas, sociales y ambientales de las personas.

2.4. ¿Qué órgano gestiona el Observatorio de Igualdad de Oportunidades entre Mujeres y Hombres?

a) El Instituto de las Mujeres.

b) El Ministerio de Trabajo.

c) El Ministerio de Economía.

2.5. Un área de actuación del Plan de Calidad para el Sistema Nacional de Salud es:

a) Equidad.

b) Humanidad.

c) Responsabilidad.

2.6. Un área de actuación del Plan de Calidad para el Sistema Nacional de Salud es:

a) Recursos humanos.

b) Excelencia clínica.

c) Las dos respuestas anteriores son correctas.

2.7. **¿Qué son los informes de impacto de género?**

a) Informes que acompañan a los proyectos normativos y que permiten hacer una previsión de cuáles serán los posibles efectos diferenciales que la aplicación de una norma puede tener sobre mujeres y hombres.

b) Informes que acompañan a los proyectos normativos y que permiten hacer una previsión de cuáles serán los posibles efectos negativos que la aplicación de una norma puede tener sobre mujeres y hombres.

c) Informes que acompañan a los proyectos normativos y que permiten hacer una previsión de cuáles serán los posibles efectos positivos que la aplicación de una norma puede tener sobre mujeres y hombres.

2.8. **¿Qué actividades están totalmente integradas, aceptadas y valoradas positivamente en la sociedad?**

a) El deporte y la práctica instrumental.

b) El yoga y la práctica físico-deportiva.

c) El deporte y la práctica físico-deportiva.

2.9. **¿Qué es el *reframing*?**

a) Reencuadrar una actividad.

b) Reenmarcar o reencuadrar una situación.

c) Posicionar un sentimiento.

2.10. **¿Cuál de las siguientes es una línea de actuación planteada por el Programa de Salud del Instituto de las Mujeres?**

a) Impulsar la implementación del *mainstreaming* de género en políticas de salud en coordinación con los ámbitos central y autonómico.

b) Promover la sensibilización y formación de profesionales y personal técnico de salud.

c) Las dos respuestas anteriores son correctas.

De ampliación

2.1. **Define atención primaria.**

2.2. **Explica quién gestiona el Observatorio de la Imagen de las Mujeres y cuál es su objetivo.**

3. Establecimiento de procesos de información y sensibilización sobre el trabajo no remunerado en el ámbito doméstico y de cuidados

Contenido

Ignoramos nuestra verdadera estatura hasta que nos ponemos en pie.

Emily Dickinson, poeta estadounidense que desafió los roles tradicionales de género y cuestionó la idea de que las mujeres deben limitarse a un papel secundario en la sociedad en muchos de sus poemas.

Figura 3.1. Las mujeres tienen un papel fundamental en la sociedad a pesar de que históricamente han sido relevadas principalmente al ámbito doméstico.

Antiguamente, a las mujeres no se les permitía trabajar, por lo que eran esclavas de su familia y de su hogar. Además, el acceso a determinados ámbitos educativos y otros factores de movilidad social estaban vedados para las mujeres. Por otra parte, los hombres no consideraban como trabajo el cuidado del hogar, por ejemplo, lavar, cocinar, cuidar niños, etc., pues eran tareas que únicamente se debían llevar a cabo por mujeres, transmitiéndose esta ideología de madres a hijas, de padres a hijos, de madres a hijos y de padres a hijas. Esto se percibía como normal, y era algo que todas las personas aceptaban como natural.

La llegada de la **Revolución Industrial** cambió la forma de encarar la distribución de tareas en la sociedad, a la vez que los diferentes movimientos sociales hicieron visible una realidad: la desigualdad de género y la discriminación de la mujer en todos los ámbitos de la sociedad.

Hoy en día, aún perviven vestigios de esa antigua ideología, pues entre los muchos ejemplos que se podrían mencionar, se encuentra el hecho de que los salarios de las mujeres son menores que los de los hombres, desempeñando los dos el mismo trabajo; o que aún se prefiere contratar a un hombre antes que a una mujer, sobre todo en altos cargos, etcétera.

En el siglo XVIII, el **feminismo** cimentaría bases firmes tanto a su expansión como desarrollo, culminando en el siglo XIX con un poderoso movimiento social: el **sufragismo.** Este movimiento social que logró el voto para las mujeres y que duró más de medio siglo, desde 1848, fecha de la Declaración de Seneca Falls y acta fundacional del sufragismo hasta la I Guerra Mundial, puso en práctica diferentes acciones políticas imaginativas, siempre desde el pacifismo.

La Convención de Seneca Falls fue la primera convención sobre los derechos de la mujer en Estados Unidos, realizada del 19 de julio al 20 de julio de 1848, en Seneca Falls (Nueva York).

Organizada por Lucretia Mott y Elizabeth Cady Stanton, en este documento se denunciaban las restricciones, sobre todo políticas, a las que estaban sometidas las mujeres: no poder votar, ni presentarse a elecciones, ni ocupar cargos públicos, ni afiliarse a organizaciones políticas o asistir a reuniones políticas.

La *Declaración de Seneca Falls,* también conocida como *Declaración de Sentimientos*, se convertiría en el texto fundacional del feminismo y el sufragismo norteamericano.

Posteriormente, en los años setenta resurgiría un **feminismo radical** que denunciaría la excesiva visibilidad de los hombres en el mercado laboral y poder político mientras a las mujeres se las relegaba a espacios ajenos al poder, espacios que además eran devaluados como el ámbito doméstico, la familia y los cuidados. La tesis central del feminismo radical, tal y como sostuvo una de sus máximas representantes, Kate Millett, fue *lo personal es político*.

Esta llamada de atención consiguió que muchos espacios, como el mercado laboral, permitiesen el acceso de las mujeres al trabajo remunerado, mientras que por el contrario otros espacios, como el acceso al poder político, continuaron cerrados.

A continuación, se presenta la evolución de este movimiento a través de las **tres olas del feminismo:**

Primera ola: se identifica con el **feminismo ilustrado.** Surge en la Ilustración. Se reivindica la ciudadanía de las mujeres, siendo una de las obras más representativas *Vindicaciones de los derechos de la mujer*, de Mary Wollstonecraft.

La doctrina del contrato social del período ilustrado, que tenía por objeto la igualdad de derechos para todos los hombres y a Rousseau como uno de sus teóricos principales, no incluía a las mujeres como parte del pueblo soberano en la Declaración de los Derechos del Hombre. Por lo cual, se puede personalizar en la figura de Rousseau junto con otros pensadores de esta época, esta exclusión inicial, al establecer la desigualdad natural existente entre hombres y mujeres en la función de la división sexual del trabajo.

Segunda ola: se identifica con el **feminismo liberal-sufragista.** Se reivindica principalmente el derecho al voto de las mujeres, siendo una de las obras más representativas *El sometimiento de la mujer,* escrito por John Stuart Mill y Harriet Taylor en 1869, que sentó las bases del sufragismo.

La *Declaración de Sentimientos de Seneca Falls*, en 1848, tuvo lugar en Estados Unidos y se basó en la Declaración de Independencia de las trece colonias. En ella, se incluían dos grandes apartados: la exigencia para alcanzar la ciudadanía civil para las mujeres y los principios que deberían cambiar las costumbres y la moral (Sánchez, 2001). Pero lo que de hecho impulsó la conquista del sufragio femenino fue el legado de las dos grandes guerras mundiales, momento en que el rol de la mujer fue protagónico.

Tercera ola: se identifica con el **feminismo contemporáneo** y surge en la década de los sesenta.

De acuerdo a Álvarez (2001), la discusión actual y los objetivos de esta fase giran en torno a nuevos temas de debate, nuevos valores sociales y una nueva forma de autopercepción de las mujeres. Hace hincapié en las contradicciones de un sistema social que tiene su legitimación en la universalidad de sus principios pero que, en realidad, es sexista, racista, clasista e imperialista.

> 4 de enero de 1789, «La mujer nace libre y permanece igual al hombre en derechos».

Olympia de Gouges

> 1 de enero de 1792, «Yo no deseo que las mujeres tengan poder sobre los hombres, sino sobre ellas mismas».

Mary Wollstonecraft

> 1 de enero de 1840, «El nivel de civilización a que han llegado diversas sociedades humanas está en proporción a la independencia de que gozan las mujeres».

Flora Tristán

> 1 de enero de 1850, «Abrid las escuelas y se cerrarán las cárceles».

Concepción Arenal

> 1 de enero de 1851, «Solo sé que la gente me llama feminista siempre que expreso sentimientos que me diferencian de un felpudo».

Rebecca West

> 1 de enero de 1931, «Si no puedo bailar, tu revolución no me interesa». «Para que la mujer llegue a su verdadera emancipación debe dejar de lado las ridículas nociones de que ser amada, estar comprometida y ser madre es sinónimo de estar esclavizada».

Emma Goldman

> 1 de enero de 1940, «Debéis otorgar el derecho de voto a esas mujeres. Ese es el resultado de nuestra guerra civil».

Emmeline Pankhurst

1 de enero de 1949, «No se nace mujer, se llega a serlo».

Simone de Beauvoir

1 de enero de 1970, «Lo personal es político».

Kate Millet

1 de enero de 1972, «El objetivo de este feminismo es la transformación del mundo desde el cambio de vida de las mujeres».

Victoria Sendón de León

Figura 3.2. A lo largo de la historia, siempre se ha relacionado a las mujeres con un rol tradicional en el hogar.

Continuando con la división sexual del trabajo y tomando como punto de partida las ciencias sociales, la especie humana siempre ha dividido las actividades necesarias para la supervivencia de modo que a las mujeres se les atribuyó aquellas **tareas relacionadas con la reproducción y el cuidado de la vida,** mientras que a los hombres, **las tareas relacionadas con la producción.** Esto provocó que en base a las diferencias biológicas de tipo sexual las personas realizaran determinadas actividades humanas claramente diferenciadas.

Este tipo de diferenciación ha favorecido la desigualdad, pues además se ha subestimado la división sexual del trabajo que caracteriza las tareas de reproducción y cuidado de la vida (llevadas a cabo por mujeres), mientras que por otra parte se han ensalzado las actividades productivas, así como también los escenarios relacionados y los hombres que las realizan.

Figura 3.3. En el franquismo, la mujer tenía tan pocos derechos en España que no podía trabajar ni abrir una cuenta corriente sin el permiso de su marido. Fue en 1975 cuando se suavizó la ley con la reforma del Código Civil y tuvieron lugar los primeros avances en materia de igualdad de género.

Las razones que explican esta **división sexual del trabajo** (también denominada *división social del trabajo*) se deben buscar, sobre todo, en el patriarcado.

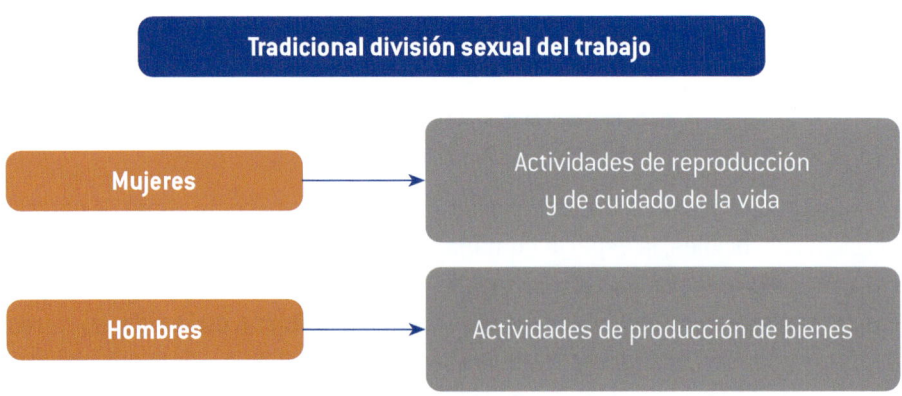

Figura 3.4. La tradicional división sexual del trabajo para mujeres y para hombres.

Cabe aclarar la diferencia entre **trabajo remunerado** y **trabajo no remunerado.** El trabajo no remunerado no está reconocido en el mercado laboral y ha sido el desarrollado tradicionalmente por las mujeres. Una de las características que define este trabajo es la **invisibilidad** tanto para la sociedad como para las estadísticas públicas económicas y laborales, siendo un **trabajo desvalorizado,** pues aún hoy en día hay quien comparte el pensamiento acerca de que es un trabajo que se realiza por amor y al margen de cualquier consideración mercantil.

3.1. VALORACIÓN DEL IMPACTO DEL TRABAJO NO REMUNERADO Y SU REPERCUSIÓN EN LOS NIVELES PERSONAL, FAMILIAR Y EN LA ESTRUCTURA SOCIOECONÓMICA

El **trabajo doméstico** es aquel del que no se obtiene un salario y que no es reconocido como trabajo ni por quienes lo llevan a cabo. En el caso de que sí sea reconocido como tal, suele estar desvalorizado.

Figura 3.5. La licencia marital dejó de existir en 1975 y las mujeres casadas empezaron a incorporarse libremente al mercado de trabajo. Tres años después, en 1978, se llevó a cabo la primera manifestación autorizada en España por el 8 de marzo, Día de la Mujer Trabajadora.

Según el **Observatorio Social,** el valor del trabajo doméstico está por encima de los 426 372 millones de euros, más del 40,77 % del PIB.

El PIB es el principal indicador del sistema de cuentas nacionales y de la economía de un país, pero no contempla muchas actividades realizadas en los hogares, ya que estas no se intercambian en el mercado. Es el caso del cuidado de niños y dependientes, cocinar o limpiar en casa.

El coste económico de estas actividades se estima calculando el tiempo que los miembros del hogar invierten en las tareas domésticas y multiplicando este tiempo por el salario neto que se pagaría a una persona externa por hacerlas (8,09 euros por hora). Según el cálculo realizado en un estudio de 2019, el trabajo no remunerado representaría el 40,8 % del PIB.

La aportación de hombres y mujeres a este trabajo es desigual, siendo la contribución femenina más importante. Si se tuviera en cuenta en el cálculo del PIB el trabajo no remunerado realizado por las mujeres, este representaría el 26,2 % del PIB de 2010, un porcentaje similar al del sector industrial.

Para calcular el valor del trabajo doméstico se tienen en cuenta diferentes actividades no remuneradas que aparecen en el gráfico. Las tareas relacionadas con la alimentación (preparación de comidas, lavar los platos, compras) son las más costosas, seguidas del mantenimiento de la vivienda (fundamentalmente limpieza pero también reparaciones).

Después están las tareas relacionadas con la ropa (lavar, tender, planchar, coser), el cuidado de niños y dependientes, y la frecuencia de los desplazamientos para llevar a cabo las actividades.

La diferencia es especialmente importante en las actividades relacionadas con la alimentación, desempeñadas mayoritariamente por las mujeres.

En el siguiente esquema se señalan aquellas características propias de este tipo de trabajo:

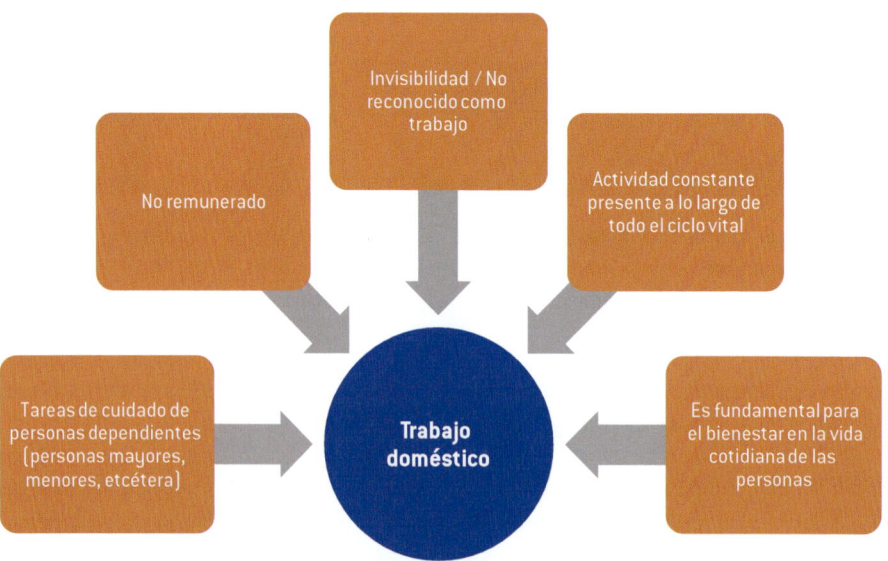

Figura 3.6. Principales características del trabajo doméstico.

Cuando el trabajo doméstico sí es remunerado, se denomina entonces **servicio doméstico,** en este caso el salario es bajo y además se acompaña de unas condiciones laborales, aún hoy en día, inadecuadas, encontrándose en muchas ocasiones dentro de la **economía sumergida.**

Respecto a la legislación existente, el actual **Real Decreto 893/2024, de 10 de septiembre, por el que se regula la protección de la seguridad y la salud en el ámbito del servicio del hogar familiar** establece nuevos derechos para personas que trabajan en el ámbito del hogar y de ayuda a domicilio, reconociendo los derechos esenciales como la vigilancia de la salud, medidas de seguridad en el trabajo y formación gratuita. Asimismo, introduce herramientas y protocolos para facilitar su implementación sin sobrecargar a las familias empleadoras.

El trabajo de las personas empleadas de hogar ha sido históricamente objeto de un tratamiento normativo muy degradado y claramente discriminatorio, que no era sino el fiel reflejo de la valoración que desde los poderes públicos se hacía de esta actividad entendida como subalterna y de escaso valor económico. Esta valoración, por otra parte, forma parte intrínseca del hecho de que se trata de una actividad casi completamente feminizada. Un trabajo sin ciudadanía que minusvaloraba los cuidados y ahondaba en la discriminación de la mujer en el trabajo sin reparar en que los cuidados, y quienes los prestan son parte decisiva de la sociedad.

La utilización de la técnica de regulación propia de una relación laboral de carácter especial y separada de la general contemplada en el texto refundido de la **Ley del Estatuto de los Trabajadores, aprobado por el Real Decreto Legislativo 2/2015,** de 23 de octubre, no ha servido solo para determinar las peculiaridades de esta forma de trabajo, sino que, a diferencia de la mayoría del resto de supuestos con regulación especial, ha servido para determinar un estatuto mucho menos protector de las personas trabajadoras que desarrollan esta actividad. Las formas de contratación y extinción, el tiempo de trabajo y las condiciones que se les ofrecía presentaban características que iban más allá de la mera especialidad para convertirse en regulaciones abiertamente opuestas al derecho a la igualdad y a la no discriminación. A ello se añadían, además, las peculiares condiciones en materia de protección social, que excluían de importantes ámbitos de la acción protectora de la seguridad social a este colectivo.

La legislatura anterior ha supuesto un punto de inflexión en el tratamiento de esta situación absolutamente injusta e injustificada, abordando un proceso de renovación normativa que supone literalmente el reconocimiento de la ciudadanía laboral de las personas trabajadoras del servicio doméstico.

Ello se ha manifestado en una intensa actividad de ratificación de convenios de la OIT, incorporando de manera prioritaria el Convenio número 189, sobre condiciones relativas al trabajo decente para las personas trabajadoras domésticas. Esta ratificación, así como la existencia de relevantes pronunciamientos del Tribunal de Justicia de la Unión Europea, ha acompañado un proceso sin precedentes de reversión del conjunto de la normativa del trabajo doméstico.

En primer lugar, mediante la modificación por vía de urgencia de algunos de los aspectos más lesivos de la regulación de la relación laboral especial del trabajo doméstico, singularmente el despido, pero sobre todo la completa equiparación de la protección social de estas personas trabajadoras, incorporando de manera expresa y permanente —con el precedente de la protección especial y extraordinaria que se estableció durante la pandemia de la COVID-19— a estas personas a la protección por desempleo.

En segundo lugar, y tal y como se comprometió en el propio **Real Decreto-Ley 16/2022, de 6 de septiembre, para la mejora de las condiciones de trabajo y de Seguridad Social de las personas trabajadoras al servicio del hogar,** se aborda el proceso de mejora de la protección de la salud y la mejora de las condiciones de trabajo de las personas empleadas de hogar, estableciendo una normativa protectora específica armonizada con la normativa general de prevención de riesgos. Se trata de un paso decisivo que sitúa a nuestro país en la vanguardia normativa en materia de prevención de riesgos laborales de las empleadas de hogar.

La presencia de las mujeres en el ámbito doméstico es mayoritaria, y por ello el tiempo dedicado a estas tareas es mayor en comparación con los hombres. Se relaciona a las mujeres con la ocupación de aspectos relacionados con la alimentación, el cuidado, la atención de menores y mayores, tareas domésticas diversas, etc. Además, este trabajo es llevado a cabo tanto a lo largo de la semana laboral como durante los fines de semana, generando unas desigualdades que influyen en los usos y oportunidades que el tiempo permite, repercutiendo negativamente en la disponibilidad para desarrollar otro tipo de tareas relacionadas con el ocio o el ámbito personal, por ejemplo. Todo ello se ha traducido en lo que se ha denominado la **doble jornada de las mujeres,** debido a las dificultades que tienen para acceder al mercado laboral dadas sus implicaciones en el ámbito doméstico donde los hombres muestran una menor participación.

Una de las principales consecuencias de la desigualdad respecto al reparto de tiempo ha sido la resistencia de los hombres a la distribución de las tareas del hogar asignadas tradicionalmente a las mujeres. La **perspectiva patriarcal** ha sido quien ha marcado estas diferencias, así como también la división del trabajo vinculado a la desigual distribución del tiempo y trabajo. Este trabajo no remunerado ha limitado el acceso de las mujeres a la vida laboral y profesional activa, y las consecuencias de esta desigualdad en el tiempo dedicado al desarrollo profesional y laboral se traducen en un menor nivel adquisitivo de las mujeres, mayor precariedad laboral y dependencia económica, entre otras inequidades.

Además de lo anterior, también se limita la participación activa en política y en otro tipo de actividades perpetuando una situación de subordinación.

A pesar de que la participación de los hombres en este ámbito con respecto a épocas anteriores ha aumentado con el paso del tiempo gracias a la concienciación social y a una educación basada en valores de igualdad entre otras, hay muchos temas pendientes tales como la asignación de tareas que pueden ser llevadas a cabo tanto por hombres como por mujeres en igualdad de condiciones.

Finalmente, existen datos relativos a los cambios y tendencias del mercado laboral a través de los **indicadores laborales básicos.** En España, estos datos proceden de algunas de las fuentes que se señalan a continuación:

1. Encuesta de Población Activa (EPA): es un estudio estadístico destinado a capturar datos sobre el mercado de trabajo, que se utiliza para calcular la tasa de desempleo, tal y como la define la Organización Internacional del Trabajo. La OIT establece las definiciones y conceptos empleados.

2. Encuesta de Calidad de Vida en el Trabajo: es una herramienta validada científicamente para el estudio de la calidad de vida laboral. Se compone de diferentes escalas que evalúan las Condiciones de Trabajo, Clima Laboral, Bienestar y Factores de Riesgo Psicosocial en profesionales de los Servicios de Salud.

3. Encuesta de Coyuntura Laboral del Ministerio de Trabajo y Economía Social (ECL): es una investigación por muestreo de periodicidad trimestral dirigida a empresas. Sus fines son múltiples, pudiéndose destacar, como más importantes, los siguientes: proporcionar información sobre los efectivos laborales y su composición según diversas características, evaluar la movilidad laboral y sus causas, cuantificar la jornada laboral efectivamente realizada, las horas no trabajadas y sus motivaciones y las horas extraordinarias, así como determinar los turnos de trabajo, investigar determinados aspectos de las relaciones laborales y conocer las opiniones de los/las empresarios/empresarias respecto a la evolución de sus plantillas.

4. Base de datos de Afiliación a la Seguridad Social: ofrece datos de los trabajadores afiliados en situación de alta laboral y sobre movimientos de altas y bajas de afiliación a los distintos Regímenes del Sistema de la Seguridad Social.

5. Datos de paro registrados: según el Instituto Nacional de Estadística, la falta de trabajo disminuye en gran medida la calidad de vida de los individuos. Esta falta produce un conjunto de efectos sociales y personales en gran medida interrelacionados, aumentando las desigualdades sociales y de salud, disminuyendo los niveles de capacitación, bienestar material y subjetivo de las personas.

La **tasa de paro** es el cociente entre la población parada y la población activa.

La **población parada** son todas aquellas personas de 16 y más años que durante la semana de referencia estuvieran:

1. Sin trabajo, es decir, no tenían un empleo asalariado o por cuenta propia.

2. Disponibles para trabajar, es decir, disponibles para un empleo como asalariado o un empleo por cuenta propia dentro de las dos semanas posteriores al domingo de la semana de referencia.

3. Buscando activamente un trabajo durante el mes precedente al domingo de la semana de referencia.

También se consideran **paradas** aquellas personas que, sin trabajo, ya han encontrado uno al que se van a incorporar dentro de los tres meses posteriores a la semana de referencia y están actualmente disponibles para trabajar. En este caso, por tanto, no será necesario exigir la búsqueda activa de empleo como condición necesaria para ser parado. Los métodos de búsqueda considerados activos se encuentran enumerados en el Reglamento 1897/2000 de la Comisión Europea.

La población activa comprende las personas ocupadas y paradas durante la semana de referencia.

En abril de 2024, se ha llevado a cabo el cambio de base poblacional en la EPA consistente en la incorporación y actualización de las series de población y viviendas derivadas del Censo de Población y Viviendas de 2021, en sustitución de las que se venían utilizando hasta ese momento basadas en el censo de 2011.

Se proporciona información del indicador según ámbito geográfico (CC. AA. y UE) y características individuales (sexo, edad, nivel de renta, nivel de educación, nacionalidad y grado de urbanización).

Posteriormente, estos indicadores son utilizados para elaborar las estadísticas europeas recopiladas en EUROSTAT, facilitando de esta manera los análisis comparativos sobre el mundo del trabajo.

3.2. IDENTIFICACIÓN DE LAS CADENAS DE TAREAS Y RELACIONES ESPACIO-TEMPORALES

Tal como se ha visto previamente, a lo largo de toda la historia se ha identificado a los hombres con un ámbito visible, la sociedad **(esfera pública)** mientras que, por el contrario, a las mujeres tradicionalmente se las ha identificado con un ámbito no visible y privado, la familia **(esfera privada)**. Esta diferenciación remite nuevamente a la oposición entre dos esferas que tradicionalmente ha delimitado el patriarcado, adjudicando tareas, tiempos y personas en función del sexo. Todo esto es comprobable si se tiene en cuenta la desigualdad de la participación en el ámbito público de mujeres y hombres.

Figura 3.7. La división sexual del trabajo se refiere a la asignación de tareas y responsabilidades diferentes en función del sexo biológico.

A modo de recuerdo, la **esfera pública** o **espacio público** hace referencia a un ámbito productivo y remunerado donde tiene lugar la vida social, laboral, política y económica. Por el contrario, la **esfera privada** o **espacio privado** hace referencia a aquel ámbito donde las personas se cultivan para proyectarse en el ámbito público entre otras cosas, es, por tanto, un ámbito caracterizado por la invisibilidad.

De cualquier modo, el espacio público siempre ha sido el más valorado, por ser aquel que proporciona reconocimiento y acceso al poder. Por el contrario, aquellas actividades que se desarrollan en el espacio privado han sido las menos valoradas socialmente, pues no han sido objeto de apreciación pública. Esta asimetría de papeles ha dado mayor importancia al espacio público restando valor al privado. Al igual que otras cuestiones que ya se han visto, todo esto no hace sino favorecer la invisibilidad de las mujeres, pues gran parte de su tiempo se emplea en la esfera privada a la vez que se limita su acceso a la esfera pública.

Figura 3.8. El mundo privado (asociado a las mujeres) históricamente era el mundo oculto y privado de la familia.

3.3. MÉTODOS DE APLICACIÓN DE ESTRATEGIAS PARA EL CAMBIO EN LOS USOS DEL TIEMPO DE MUJERES Y HOMBRES

Cabe recordar que la división de la sociedad en dos espacios sociales, el privado-doméstico y el público-político, se corresponde tal como se ha visto con dos realidades sociales, por un lado, la masculina relacionada con la esfera productiva, y, por otro lado, la femenina relacionada con la esfera reproductiva. Sobre esta división nuclear de la sociedad donde se asientan las sociedades patriarcales.

El hecho de que esta disposición haya pervivido hasta la modernidad y aún permanezca hoy en día (en unos ámbitos más que en otros), se debe a que quienes han ocupado posiciones de privilegio y se han beneficiado de dicha posición han sido mayoritariamente los hombres. Por ello, el discurso feminista (construido sobre el principio de la igualdad) hace referencia a que si bien la diferencia sexual entre hombres y mujeres es indiscutible, sostiene que esta diferencia sexual ha sido históricamente una fuente clara de discriminación hacia las mujeres lo cual ha tenido enormes repercusiones en todos los aspectos posibles, siendo la desigual distribución del uso de tiempo y espacio uno de ellos.

3.4. IMPLEMENTACIÓN DE ACTUACIONES PARA FACILITAR HERRAMIENTAS DE CORRESPONSABILIDAD

En todos los ámbitos de la sociedad es fundamental fomentar una **corresponsabilidad** de tareas entre mujeres y hombres.

Respecto a la conciliación y corresponsabilidad de la vida familiar, laboral y personal, el **Ministerio de Derechos Sociales, Consumo y Agenda 2030** colabora con diversas iniciativas sociales que promueven una mejor conciliación y corresponsabilidad familiar, laboral y personal, centrándose de manera especial en la promoción de prácticas empresariales flexibles y familiarmente responsables, que afectan a materias como la organización y distribución de las jornadas de trabajo, la posibilidad del trabajo a distancia o teletrabajo, las mejoras en materia de permisos y licencias o la extensión de beneficios asociados a circunstancias familiares de las personas trabajadoras. La implantación de estas prácticas ha acreditado que no solo benefician a sus destinatarios directos (las personas empleadas y sus familias), sino que revierten en mejoras para las propias empresas en cuestiones como un mayor compromiso; una menor rotación; un mejor clima laboral; una mejora de su reputación corporativa, de su responsabilidad social e incluso de su productividad, su competitividad y su capacidad para atraer y retener talento.

Para dar publicidad a las mejores prácticas empresariales en materia de flexibilidad y conciliación, distinguidas con el Premio Nacional Empresa Flexible en sus distintas ediciones y modalidades, se llevan a cabo jornadas de difusión y se editan periódicamente **Guías de Buenas Prácticas.**

Puedes ampliar más información en:

https://www.mdsocialesa2030.gob.es/derechos-sociales/familias/conciliacion/index.htm

Figura 3.9. La reordenación y racionalización de horarios y las mejoras para hacer compatibles todas las esferas que componen la vida de una persona, dependen de que todos los agentes sociales y económicos estén comprometidos con el cambio.

Según Casado Aparicio y Gómez Esteban (2006), la corresponsabilidad puede ser concebida como una nueva forma de pacto social que apunta simultáneamente en **tres direcciones:**

- En primer lugar, **corresponsabilidad entre diferentes agentes sociales,** es decir, Estado, empresas, sindicatos, instituciones, organizaciones no gubernamentales, etcétera.

- En segundo lugar, **corresponsabilidad entre hombres y mujeres** rompiendo así con las relaciones de género tradicionales.

- Y, en tercer lugar, entre los **diferentes miembros de la familia** en lo que se podría denominar un pacto intergeneracional que habitúe a la responsabilización colectiva en el sostenimiento económico-afectivo del hogar.

Los **agentes socializadores,** así como la sociedad en general, deben fomentar unos valores basados en la igualdad que impliquen compartir tareas en el ámbito doméstico (compartir tareas que toda persona, sea hombre o mujer, pueda realizar), no asimilándolo únicamente al género femenino. Un claro ejemplo comenzaría por eliminar el uso desigual de los juguetes infantiles, pues desde la infancia más temprana se crece en un mundo que se basa en un **trato diferencial en función del sexo.** Por ejemplo, el hecho de favorecer que las niñas jueguen cuidando muñecas/os bebé mientras que los niños lo hagan con coches. Si se fomentan valores basados en la empatía, el cuidado, la emotividad, la responsabilidad, etc., respecto a este tipo de juguetes diseñados para niñas, mismamente debería tener su equivalente en los niños.

Un término muy relacionado con el de corresponsabilidad es el de **conciliación de la vida familiar, personal y la vida laboral,** que hace referencia a la capacidad de los miembros de una sociedad para hacer compatibles de modo satisfactorio el desarrollo de actividades reproductivas y actividades productivas, de forma igualitaria según el sexo, sin que ello implique costes laborales no deseados por las personas y sin que se vea afectado el reemplazo generacional.

Dado todo lo anterior, las **políticas públicas de conciliación** obtendrán sus objetivos si se definen en términos de corresponsabilidad familiar. Además deberán arbitrarse de forma que se proteja el derecho de la madre a acceder al mercado de trabajo y a permanecer en él sin que la situación familiar sea un elemento discriminatorio al igual que deberán proteger también el derecho del padre en el mismo sentido. De lo anterior se deduce el derecho de los hijos y las hijas a ser cuidados/as y educados/as por sus progenitores, así como también el derecho de las personas mayores y personas dependientes a permanecer con sus familias mientras estas puedan atenderlos.

La Ley Orgánica 3/2007, de 22 de marzo, para la igualdad efectiva de mujeres y hombres, presta especial atención a la corrección de la desigualdad en el ámbito específico de las relaciones laborales. Mediante una serie de previsiones, se reconoce el derecho a la conciliación de la vida personal, familiar y laboral y se fomenta una mayor corresponsabilidad entre mujeres y hombres en la asunción de obligaciones familiares, criterios inspiradores de toda la norma que encuentran aquí su concreción más significativa.

La ley pretende promover la adopción de medidas concretas en favor de la igualdad en las empresas, situándolas en el marco de la negociación colectiva, para que sean las partes, libre y responsablemente, las que acuerden su contenido.

La medida más innovadora para favorecer la conciliación de la vida personal, familiar y laboral es el permiso de paternidad de 16 semanas de duración, ampliable en caso de parto múltiple en dos días más por cada hijo o hija a partir del segundo. Se trata de un derecho individual y exclusivo del padre, que se reconoce tanto en los supuestos de paternidad biológica como en los de adopción y acogimiento. También se introducen mejoras en el actual permiso de maternidad, ampliándolo en dos semanas para los supuestos de hijo o hija con discapacidad, pudiendo hacer uso de esta ampliación indistintamente ambos progenitores.

Estas mismas mejoras se introducen igualmente para los trabajadores y trabajadoras autónomos y de otros regímenes especiales de la Seguridad Social.

En relación con la reducción de jornada por guarda legal, se amplía, por una parte, la edad máxima del menor que da derecho a la reducción, que pasa de seis a ocho años, y se reduce, por otra, a un octavo de la jornada el límite mínimo de dicha reducción. También se reduce a cuatro meses la duración mínima de la excedencia voluntaria y se amplía de uno a dos años la duración máxima de la excedencia para el cuidado de familiares. Se reconoce la posibilidad de que tanto la excedencia por cuidado de hijo o hija como la de por cuidado de familiares puedan disfrutarse de forma fraccionada.

Asimismo, se adaptan las infracciones y sanciones, y los mecanismos de control de los incumplimientos en materia de no discriminación, y se refuerza el papel de la Inspección de Trabajo y Seguridad Social. Es particularmente novedosa, en este ámbito, la posibilidad de conmutar sanciones accesorias por el establecimiento de Planes de Igualdad.

Las modificaciones en materia laboral comportan la introducción de algunas novedades en el ámbito de Seguridad Social, recogidas en las Disposiciones adicionales de la ley. Entre ellas deben destacarse especialmente la flexibilización de los requisitos de cotización previa para el acceso a la prestación de maternidad, el reconocimiento de un nuevo subsidio por la misma causa para trabajadoras que no acrediten dichos requisitos o la creación de la prestación económica por paternidad.

Finalmente, la intervención en materia de conciliación y corresponsabilidad debe acompañarse de una **política de cambio cultural inducido,** orientada a modificar las representaciones sociales que reproducen la tradicional división sexual del trabajo. Dado que esta transformación implica un planteamiento a largo plazo, conviene actuar de forma constante y sostenida en el tiempo.

Es especialmente relevante **impulsar una transformación de las prácticas educativas,** eliminando así la asignación sexista de roles e identidades desde las edades más tempranas. Es importante tener en cuenta la transmisión de valores que se realiza en los centros de enseñanza y en los libros de texto, cuyo lenguaje debe ser adecuadamente vigilado y evaluado de forma continua. Además, también debe ser objeto de vigilancia la **transmisión de contenidos sexistas en los medios de comunicación.** Desde estos mismos, es necesario impulsar campañas de comunicación dirigidas a modificar los puntos críticos de las actitudes y representaciones sociales relativas al género.

La **Ley Orgánica 3/2007, de 22 de marzo, para la igualdad efectiva de mujeres y hombres,** en su artículo 5 (Igualdad de trato y de oportunidades en el acceso al empleo, en la formación y en la promoción profesionales, y en las condiciones de trabajo) expone que el principio de igualdad de trato y de oportunidades entre mujeres y hombres, aplicable en el ámbito del empleo privado y en el del empleo público, se garantizará, en los términos previstos en la normativa aplicable; en el acceso al empleo, incluso al trabajo por cuenta propia; en la formación profesional; en la promoción profesional; en las condiciones de trabajo, incluidas las retributivas y las de despido; y en la afiliación y participación en las organizaciones sindicales y empresariales, o en cualquier organización cuyos miembros ejerzan una profesión concreta, incluidas las prestaciones concedidas por las mismas.

No constituirá discriminación en el acceso al empleo, incluida la formación necesaria, una diferencia de trato basada en una característica relacionada con el sexo cuando, debido a la naturaleza de las actividades profesionales concretas o al contexto en el que se lleven a cabo, dicha característica constituya un requisito profesional esencial y determinante, siempre y cuando el objetivo sea legítimo y el requisito proporcionado.

3.5. PROCEDIMIENTOS DE DESARROLLO DE ACTUACIONES PARA FACILITAR LA VIDA COTIDIANA DE LAS PERSONAS

Siguiendo el Estudio sobre buenas prácticas se presentan algunos criterios importantes respecto a las buenas prácticas que hay que seguir con respecto a la facilitación del desarrollo de la vida cotidiana de las personas:

- Que los objetivos de las actuaciones en materia de conciliación de la vida laboral, familiar y personal se dirijan a fomentar la corresponsabilidad de los hombres en el ámbito doméstico y familiar.

- Que capaciten a los hombres para lograr su autonomía, entendiendo por esta la capacidad de gestionar efectivamente la realidad personal, familiar, social y cultural en que está inmersa la persona.

- Que empleen herramientas y actuaciones innovadoras y eficaces.

- Que sus actuaciones puedan ser transferibles, es decir, incorporen las mejores prácticas ensayadas a las políticas generales y prevean mecanismos que permitan la difusión de los resultados y la sensibilización de las personas responsables de las decisiones políticas.

- Que desarrollen modelos de seguimiento y evaluación de los programas, proyectos y actuaciones que implementen.

- Que obtengan resultados satisfactorios y exitosos.

Finalmente, es fundamental que en el futuro se desarrollen leyes, actuaciones y propuestas a favor de las mujeres. En España se deben seguir las propuestas de la **Ley Orgánica 3/2007, de 22 de marzo, para la igualdad efectiva de mujeres y hombres,** para lograr una igualdad efectiva entre mujeres y hombres. Esta ley, en su artículo 3 (El principio de igualdad de trato entre mujeres y hombres) indica que el principio de igualdad de trato entre mujeres y hombres supone la ausencia de toda discriminación, directa o indirecta, por razón de sexo, y, especialmente, las derivadas de la maternidad, la asunción de obligaciones familiares y el estado civil.

De la misma manera, es esencial fomentar actuaciones de aquellos hombres que si bien han sido educados en la hegemonía masculina, han comenzado a cuestionarla, pues todos los esfuerzos deben estar encaminados a un fin común: conocer y reconocer que todo el trabajo, y no solo aquel que se entiende por empleo, es fundamental para lograr el bienestar cotidiano en la sociedad.

ACTIVIDAD FORMATIVA

Señala cuáles de las siguientes opciones presentadas en la tabla se asocian a la esfera pública o a la esfera privada de forma tradicional:

	Esfera pública	Esfera privada
Asociada a las mujeres		
Asociada a los hombres		
Ámbito visible		
Ámbito invisible		
Ámbito productivo		
Ámbito reproductivo		
Mundo interior		
Mundo exterior		

ACTIVIDADES FINALES

De comprobación

3.1. ¿A qué hace referencia la *esfera pública*?

a) A la familia.

b) A la sociedad.

c) A la familia y a la sociedad.

3.2. La *doble jornada de las mujeres* hace referencia a la dificultad de las mujeres para acceder...

a) Al mercado laboral.

b) Al sistema social.

c) A las instituciones.

3.3. ¿Qué tipo de tareas se les ha atribuido tradicionalmente a las mujeres?

a) Las de reproducción y producción.

b) Las de reproducción y cuidado.

c) La de reproducción y automantenimiento.

3.4. ¿Cuál de los siguientes conceptos define el trabajo no remunerado?

a) La visibilidad.

b) La desvaloración.

c) Ninguna de las respuestas anteriores es correcta.

3.5. ¿De qué ideología parte la división sexual del trabajo?

a) De la que establece el patriarcado.

b) De la que establece la visión tradicional.

c) Las dos respuestas anteriores son correctas.

3.6. ¿Qué tipo de trabajo ha sido desarrollado principalmente por las mujeres?

a) Trabajo no remunerado.

b) Trabajo remunerado.

c) Trabajo en el hogar y en la fábrica textil.

3.7. ¿Qué caracteriza al trabajo no remunerado?

a) Su invisibilidad en las estadísticas públicas económicas y laborales.

b) Su invisibilidad en la sociedad.

c) Su invisibilidad tanto para la sociedad como para las estadísticas públicas económicas y laborales.

3.8. ¿A qué colectivo ha correspondido tradicionalmente la asignación de la esfera productiva?

a) Colectivo de las mujeres.

b) Colectivo de los hombres.

c) Colectivo de las mujeres y de los hombres.

3.9. ¿Cuál de los siguientes aspectos es considerado como fundamental para que acompañe a la conciliación y corresponsabilidad?

a) Una política de cambio cultural inducido.

b) Un cambio socioeconómico.

c) Una política educativa más flexible.

3.10. ¿De qué manera obtendrán sus objetivos las políticas públicas de conciliación?

a) Definiéndose en términos de educación familiar.

b) Definiéndose en términos de corresponsabilidad familiar.

c) Definiéndose en términos de reconciliación familiar.

De ampliación

3.1. Define corresponsabilidad.

3.2. Explica las diferencias entre la esfera pública y la esfera privada.

4. Aplicación de acciones en materia de salud y sexualidad, educación, ocio, deporte, conciliación de la vida personal, familiar y laboral, movilidad y urbanismo y gestión de tiempos con perspectiva de género

Contenido

El derecho a la salud está íntimamente relacionado con el de otros derechos humanos tales como son los derechos a la alimentación, la vivienda, el trabajo, la educación, la no discriminación, el acceso a la información y la participación.

El **derecho a la salud** abarca **libertades** y **derechos:**

- Entre las libertades se incluye el derecho de las personas de controlar su salud y su cuerpo (por ejemplo, derechos sexuales y reproductivos) sin injerencias (por ejemplo, torturas y tratamientos, y experimentos médicos no consensuados).

- Los derechos incluyen el derecho de acceso a un sistema de protección de la salud que ofrezca a todas las personas las mismas oportunidades de disfrutar del grado máximo de salud que se pueda alcanzar.

Las políticas y programas de salud pueden promover o violar los derechos humanos, en particular el derecho a la salud, en función de la manera en que se formulen y se apliquen. La adopción de medidas orientadas a respetar y proteger los derechos humanos afianza la responsabilidad del sector sanitario respecto a la salud de cada persona.

Un enfoque de la salud basado en los derechos humanos ofrece estrategias y soluciones que permiten afrontar y corregir las desigualdades, las prácticas discriminatorias y las relaciones de poder injustas que suelen ser aspectos centrales de la inequidad en los resultados sanitarios.

El objetivo de un enfoque basado en los derechos humanos es que todas las políticas, estrategias y programas se formulen con el fin de mejorar progresivamente el goce del derecho a la salud para todas las personas. Las intervenciones para conseguirlo se rigen por **principios** y **normas** rigurosos que incluyen:

- **No discriminación:** el principio de no discriminación procura garantizar el ejercicio de los derechos sin discriminación alguna por motivos de raza, color, sexo, idioma, religión, opinión política o de otra índole, origen nacional o social, posición económica, nacimiento o cualquier otra condición, por ejemplo, discapacidad, edad, estado civil y familiar, orientación e identidad sexual, estado de salud, lugar de residencia y situación económica y social.

- **Disponibilidad:** se deberá contar con un número suficiente de establecimientos, bienes y servicios públicos de salud, así como de programas de salud.

- **Accesibilidad:** los establecimientos, bienes y servicios de salud deben ser accesibles a todos. La accesibilidad presenta cuatro dimensiones superpuestas:

— No discriminación.

— Accesibilidad física.

— Accesibilidad económica (asequibilidad).

— Acceso a la información.

• **Aceptabilidad:** todos los establecimientos, bienes y servicios de salud deberán ser respetuosos con la ética médica, culturalmente apropiados y sensibles a las necesidades propias de cada sexo y del ciclo vital.

• **Calidad:** los establecimientos, bienes y servicios de salud deberán ser apropiados desde los puntos de vista científico y médico.

• **Rendición de cuentas:** los Estados y otros garantes de los derechos son responsables de la observancia de los derechos humanos.

• **Universalidad:** los derechos humanos son universales e inalienables.

Figura 4.3. Principios y normas del enfoque basado en los Derechos Humanos.

Las políticas y los programas se han concebido para satisfacer las necesidades de la población, como resultado de los mecanismos de rendición de cuentas establecidos. Un enfoque basado en los derechos humanos identifica relaciones a fin de emancipar a las personas para que puedan reivindicar sus derechos, y alentar a las instancias normativas y a los prestadores de servicios a que cumplan sus obligaciones en lo concerniente a la creación de sistemas de salud más receptivos.

La OMS se ha comprometido a incorporar los derechos humanos en los programas y políticas de atención de salud, tanto en los ámbitos nacional como regional, para lo cual tendrá en cuenta los determinantes subyacentes de la salud como parte de un enfoque integral de la salud y los derechos humanos. Además, la OMS ha reforzado activamente su papel de liderazgo técnico, intelectual y político en lo concerniente al derecho a la salud, lo que supone:

- Fortalecer la capacidad de la OMS y de sus Estados miembros para adoptar un enfoque de la salud basado en los derechos humanos.

- Promover el derecho a la salud en el derecho internacional y en los procesos de desarrollo internacionales.

- Promover los derechos humanos relacionados con la salud, incluido el derecho a la salud.

4.2. PROCESOS DE OBSERVACIÓN DE LA SALUD INTEGRAL (FÍSICA, PSICOLÓGICA, SOCIAL Y EMOCIONAL) Y DIFERENCIAL DE LAS MUJERES DEL ENTORNO DE INTERVENCIÓN

Las mujeres se ven afectadas por muchas de las mismas condiciones de salud que los hombres, pero no de la misma manera, pues la pobreza y dependencia económica, la experiencia de violencia, las actitudes negativas hacia las mujeres y niñas, la discriminación racial y de otras formas, el poder limitado que tienen muchas mujeres sobre su vida sexual y reproductiva, y la falta de influencia en la toma de decisiones son realidades sociales que tienen un impacto negativo en su salud. Una **salud óptima** es esencial para tener una vida productiva y plena, y el derecho de todas las mujeres a controlar todos los aspectos de su salud, en particular su propia fecundidad, es un aspecto clave para su logro.

Hoy en día, la desigualdad de género crea una carga desproporcionada para las mujeres en la mayoría de sociedades (situación socioeconómica inferior, discriminación relacionada con el género, etc.). De esta manera, la salud de la mujer a menudo ha sido sinónimo de salud reproductiva ignorando en gran parte las situaciones de salud que no corresponden a la reproducción, como, por ejemplo, la salud mental.

Figura 4.4. Una salud óptima es esencial para tener una vida productiva y plena.

4.3. PROCESOS DE ANÁLISIS DE LA SALUD REPRODUCTIVA Y SEXUALIDAD DE LAS MUJERES EN EL ENTORNO DE INTERVENCIÓN

Según la ONU, la **salud sexual y reproductiva** de las mujeres está relacionada con múltiples derechos humanos, como el derecho a la vida, el derecho a no ser torturada, el derecho a la salud, el derecho a la intimidad, el derecho a la educación y la prohibición de la discriminación. El **Comité de Derechos Económicos, Sociales y Culturales (CESCR) y el Comité para la Eliminación de la Discriminación contra la Mujer (CEDAW)** han indicado claramente que el derecho de la mujer a la salud incluye su salud sexual y reproductiva.

Esto significa que los Estados tienen la obligación de respetar, proteger y cumplir los derechos relacionados con la salud sexual y reproductiva de las mujeres. El Relator Especial sobre el derecho a la salud sostiene que las mujeres tienen derecho a los servicios de atención a la salud reproductiva, y a los bienes e instalaciones que son:

- disponibles en número suficiente;

- accesible física y económicamente;

- accesible sin discriminación; y

- de buena calidad.

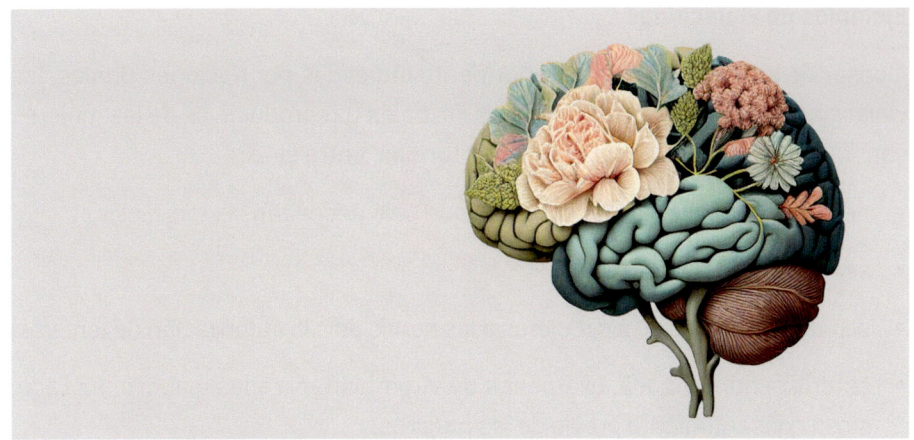

Figura 4.5. Todas las mujeres tienen derecho al acceso a la información y servicios de salud sexual y reproductiva, incluidos los de contracepción.

4.3.1. Derechos sexuales y reproductivos

Tanto los derechos sexuales como los reproductivos han sido reconocidos por la comunidad internacional como derechos humanos en las diferentes declaraciones, convenciones y pactos de Naciones Unidas, así como también en otros documentos aprobados internacionalmente.

El concepto de **derechos sexuales** está en constante evolución y revisión, siendo su conceptualización fruto de un proceso que ha ido gestándose a partir de las reivindicaciones de los movimientos sociales. Es fundamental que los derechos sexuales de las personas sean reconocidos, promovidos, respetados y defendidos por todas las sociedades con todos sus medios, pues de esta forma se asegura el desarrollo de una sexualidad saludable.

Según la OMS, la **salud sexual** es *un estado de bienestar físico, mental y social en relación con la sexualidad. Requiere un enfoque positivo y respetuoso de la sexualidad y de las relaciones sexuales, así como la posibilidad de tener experiencias sexuales placenteras y seguras, libres de toda coacción, discriminación y violencia;* mientras que, por otra parte, la **salud reproductiva** *aborda los mecanismos de la procreación y el funcionamiento del aparato reproductor en todas las etapas de la vida. Implica la posibilidad de tener una sexualidad responsable, satisfactoria y segura, así como la libertad de tener hijos si y cuando se desee. Esta concepción de la salud reproductiva supone que las mujeres y los hombres puedan elegir métodos de control de la fertilidad seguros, eficaces, asequibles y aceptables, que las parejas puedan tener acceso a servicios de salud apropiados que permitan a las mujeres tener un seguimiento durante su embarazo y que ofrezcan a las parejas la oportunidad de tener un hijo sano.*

Ejemplos de violaciones

A pesar de las obligaciones anteriormente indicadas por Naciones Unidas, las violaciones de la salud, y los derechos sexuales y reproductivos de las mujeres son frecuentes. Estas adoptan muchas formas, entre ellas:

- negación del acceso a los servicios que solo necesitan las mujeres;

- servicios de baja calidad;

- someter el acceso de las mujeres a los servicios a la autorización de terceros;

- esterilización forzada, exámenes de virginidad forzados y aborto forzado, sin el consentimiento previo de las mujeres;

- la mutilación genital femenina (MGF); y

- matrimonio precoz.

Causas y consecuencias de las violaciones de la salud sexual y reproductiva

Las violaciones de la salud y los derechos sexuales y reproductivos de las mujeres suelen deberse a creencias y valores sociales profundamente arraigados en relación con la sexualidad de las mujeres. Los conceptos patriarcales sobre el papel de la mujer en la familia hacen que a menudo se valore a la mujer en función de su capacidad de reproducción. Los matrimonios y embarazos precoces, o los embarazos repetidos demasiado seguidos —a menudo como resultado de los esfuerzos por producir una descendencia masculina debido a la preferencia por los hijos varones— tienen un impacto devastador en la salud de las mujeres, con consecuencias a veces fatales. Además, a menudo se culpa a las mujeres de la infertilidad, sufriendo el ostracismo y siendo sometidas a diversas violaciones de los derechos humanos como consecuencia.

Normas de derechos humanos pertinentes

- CEDAW (artículo 16) garantiza a las mujeres la igualdad de derechos a la hora de decidir «libre y responsablemente el número y el espaciamiento de sus hijos y a tener acceso a la información, la educación y los medios que les permitan ejercer estos derechos».

- CEDAW (artículo 10) también especifica que el derecho de las mujeres a la educación incluye «el acceso a información educativa específica para ayudar a garantizar la salud y el bienestar de las familias, incluida la información y el asesoramiento sobre planificación familiar».

- Plataforma de Acción de Beijing afirma que «los derechos humanos de la mujer incluyen su derecho a tener control y a decidir libre y responsablemente sobre cuestiones relacionadas con su sexualidad, incluida la salud sexual y reproductiva, sin coacción, discriminación ni violencia».

- Recomendación General 24 del Comité de CEDAW recomienda que los Estados den prioridad a la «prevención de los embarazos no deseados mediante la planificación familiar y la educación sexual».

- Observación General 14 del CESCR ha explicado que la prestación de servicios de salud materna es equiparable a una obligación básica que no puede ser derogada bajo ninguna circunstancia, y los Estados tienen la obligación inmediata de adoptar medidas deliberadas, concretas y orientadas al cumplimiento del derecho a la salud en el contexto del embarazo y el parto.

- Observación General 22 del CESCR recomienda a los Estados «derogar o eliminar las leyes, políticas y prácticas que penalicen, obstruyan o socaven el acceso de las personas o de un grupo determinado a los establecimientos, servicios, bienes e información de salud sexual y reproductiva».

Las normas de derechos humanos en este ámbito se resumen en la Serie de información del ACNUDH sobre salud y derechos sexuales y reproductivos.

Puedes ampliar más información en:
https://www.ohchr.org/en/women/information-series-sexual-and-reproductive-health-and-rights

4.4. APLICACIÓN DE LA PROPUESTA DE LA ORGANIZACIÓN MUNDIAL DE LA SALUD SOBRE LOS CONFLICTOS DE LA ASIGNACIÓN DE ROLES DE GÉNERO Y SALUD

La OMS indica lo siguiente al respecto:

- Las normas, los roles y las relaciones vinculados con el género pueden influir en los resultados sanitarios y afectar la consecución de la salud y el bienestar mental, físico y social.

- La desigualdad de género limita el acceso a los servicios de salud de buena calidad y contribuye a las tasas evitables de morbilidad y mortalidad a lo largo de la vida de las mujeres y los hombres.

- El desarrollo de programas sanitarios sensibles a las cuestiones de género que son aplicados adecuadamente es beneficioso para los hombres, las mujeres, los niños y las niñas.

- Es necesario desglosar los datos y realizar análisis de género para identificar las diferencias por motivos de sexo y de género en los riesgos para la salud y las oportunidades de recibir atención sanitaria, y para diseñar las intervenciones sanitarias apropiadas.

- Afrontar la desigualdad de género mejora el acceso a los servicios de salud y los beneficios que estos ofrecen.

Figura 4.6. La desigualdad de género limita el acceso a los servicios de salud de buena calidad.

El **género** se refiere a *las características de las mujeres y los hombres definidas por la sociedad, como las normas, los roles y las relaciones que existen entre ellos.* Lo que se espera de uno y otro género cambia de una cultura a otra y puede variar con el tiempo.

También es importante **reconocer las identidades que no encajan en las categorías binarias de sexo masculino y sexo femenino.** Las normas, las relaciones y los roles vinculados con el género también influyen en los resultados de salud de las personas del colectivo LGTBI. En la actualidad, la **Ley 4/2023, de 28 de febrero, para la igualdad real y efectiva de las personas trans y para la garantía de los derechos de las personas LGTBI,** tiene como objetivo el desarrollar y garantizar los derechos de las personas lesbianas, gais, bisexuales, trans e intersexuales (en adelante, LGTBI) erradicando las situaciones de discriminación, para asegurar que en España se pueda vivir la orientación sexual, la identidad sexual, la expresión de género, las características sexuales y la diversidad familiar con plena libertad.

Esta ley define las políticas públicas que garantizarán los derechos de las personas LGTBI y remueve los obstáculos que les impiden ejercer plenamente su ciudadanía. Recoge una demanda histórica de las asociaciones LGTBI, que durante décadas han liderado e impulsado la reivindicación de los derechos de estos colectivos.

Esta ley supone un importante avance en el camino recorrido hacia la igualdad y la justicia social que permite consolidar el cambio de concepción social sobre las personas LGTBI. Ello pasa por crear referentes positivos, por entender la diversidad como un valor, por asegurar la cohesión social promoviendo los valores de igualdad y respeto, y por extender la cultura de la no discriminación frente a la del odio y el prejuicio.

La igualdad y no discriminación es un principio jurídico universal proclamado en diferentes textos internacionales sobre derechos humanos, reconocido además como un derecho fundamental en nuestro ordenamiento jurídico. El artículo 2 de la Declaración Universal de Derechos Humanos expone que toda persona tiene los derechos y libertades proclamados en ella, sin distinción alguna de raza, color, sexo, idioma, religión, opinión política o de cualquier otra índole, origen nacional o social, posición económica, nacimiento o cualquier otra condición.

Ley 4/2023, de 28 de febrero, para la igualdad real y efectiva de las personas trans y para la garantía de los derechos de las personas LGTBI:
https://www.boe.es/buscar/doc.php?id=BOE-A-2023-5366

El **Real Decreto 1026/2024, de 8 de octubre, por el que se desarrolla el conjunto planificado de las medidas para la igualdad y no discriminación de las personas LGTBI en las empresas** tiene por objeto el desarrollo reglamentario de la obligación empresarial de contar con un conjunto planificado de medidas y recursos para alcanzar la igualdad real y efectiva de las personas LGTBI, así como la obligación de contar un protocolo frente al acoso y violencia donde se identifiquen prácticas preventivas y mecanismos de detección y actuación frente a él, establecida en el artículo 15.1 de la Ley 4/2023, de 28 de febrero, para la igualdad real y efectiva de las personas trans y para la garantía de los derechos de las personas LGTBI.

Según la Ley 4/2023, la identidad sexual es la vivencia interna e individual del sexo tal y como cada persona la siente y autodefine, pudiendo o no corresponder con el sexo asignado al nacer.

Por otra parte, expresión de género hace referencia a la manifestación que cada persona hace de su identidad sexual.

Si bien la mayoría de las personas nacen con un denominado sexo masculino o femenino (sexo biológico), se les enseñan los comportamientos asimilados a hombres o mujeres (normas de género), en especial cómo deben interactuar con otras personas del mismo sexo o del sexo opuesto en los hogares, las comunidades y los lugares de trabajo (relaciones entre los géneros), y qué funciones o responsabilidades deben asumir en la sociedad (roles de género).

Los ingresos, la educación, la edad, el origen étnico, la orientación sexual y el lugar de residencia son importantes determinantes de la salud. Cuando se interrelacionan con la desigualdad de género, estos factores pueden agravar la discriminación, los riesgos sanitarios y la falta de acceso a los recursos necesarios para tener resultados en materia de salud.

Las diferencias entre las mujeres y los hombres definidas socialmente no constituyen, en sí mismas, un problema, salvo cuando limitan las oportunidades o los recursos necesarios para los logros sanitarios y, por consiguiente, provocan discriminación y desigualdades que pueden acarrear consecuencias negativas para la salud.

Cuando las personas no se adaptan a las normas, las relaciones o los roles establecidos en materia de género, suelen ser objeto de estigmatización, prácticas discriminatorias o exclusión social, es decir, experiencias perjudiciales para la salud. Las normas de género influyen en el **acceso y el control de los recursos necesarios para lograr una salud óptima,** entre ellos:

- Económicos (ingresos, crédito).

- Sociales (redes sociales).

- Políticos (liderazgo, participación).

- Informativos y educativos (conocimientos básicos de salud, académicos).

- Vinculados al tiempo (acceso a los servicios sanitarios).

- De carácter interno (confianza en sí mismo, autoestima).

Las normas, los roles y las relaciones en la esfera del género **ocasionan diferencias entre los hombres y las mujeres** en los siguientes ámbitos:

- Exposición a factores de riesgo o vulnerabilidad.

- Inversiones en los hogares en nutrición, cuidados y educación.

- Acceso a servicios de salud y uso de estos.

- Experiencias en entornos de atención de salud.

- Impactos sociales de la mala salud.

La igualdad de género en materia de salud implica que mujeres y hombres, a lo largo de su vida y con todas sus diferencias, puedan gozar de las mismas condiciones y oportunidades para lograr la plena efectividad de sus derechos y contribuir al desarrollo sanitario.

Figura 4.7. Para que la igualdad pueda ser alcanzada, con frecuencia se necesitan medidas específicas para mitigar los obstáculos existentes.

La Secretaría de la OMS en su conjunto, incluyendo la sede, las oficinas regionales y las oficinas en los países, es responsable de la **aplicación de la estrategia en materia de género,** que incluye:

- Crear capacidad para el análisis y los planes en materia de género.

- Incorporar las cuestiones de género en las funciones institucionales, por ejemplo, en las actividades de planificación, presupuestación, supervisión y evaluación de la gestión basada en los resultados.

- Desglosar los datos y realizar investigaciones de género.

- Determinar quién debe rendir cuentas con respecto a la incorporación de las cuestiones de género.

4.5. INTEGRACIÓN DE LA PERSPECTIVA DE GÉNERO SOBRE LOS TEMAS SECTORIALES EN MATERIA DE URBANISMO

El urbanismo es una actividad que tiene como propósito la intervención sobre la realidad urbana para orientar su transformación. Los objetivos precisos de esa intervención y los instrumentos utilizados para su puesta en práctica han sido muy variados históricamente.

Por ejemplo, durante la década de 1950-60 el urbanismo europeo se centró en cubrir objetivos espaciales relacionados con la eficiencia del sistema industrial y con la satisfacción de ciertos mínimos vitales para la población; en promover el desarrollo económico, a través de la construcción de las infraestructuras e instalaciones necesarias para la actividad industrial, y en satisfacer unas necesidades de vivienda acuciantes derivadas de unas condiciones ínfimas de alojamiento para la mayoría, en contextos de gran crecimiento de la población urbana. Se trataba de un **urbanismo expansivo,** de crecimiento sobre nuevos terrenos, con poca consideración hacia el medio ambiente y que daba una respuesta fundamentalmente cuantitativa a las necesidades sociales de vivienda y equipamiento.

Figura 4.8. En el sector del transporte por carretera, conducir suele ser una ocupación predominantemente masculina. Sin embargo, hoy en día el número de mujeres que asume puestos con funciones operacionales es cada vez mayor y también hay cada vez más mujeres que trabajan de conductoras.

Hoy en día los principales problemas del urbanismo son otros: controlar un crecimiento disperso que consume recursos naturales escasos, genera polución y tiene grandes costes económicos de mantenimiento y extensión de sus infraestructuras; promover la calidad de vida, respondiendo a nuevas necesidades sociales de poblaciones diversas (por género, edad, etnia, etc.) y en rápida transformación (envejecimiento, inmigración, nuevas estructuras familiares, nuevas formas de exclusión); facilitar la creación de las infraestructuras espaciales necesarias para sustituir las antiguas bases económicas industriales por nuevas actividades productivas, dando prioridad a la reurbanización de los espacios urbanos obsoletos frente a la ocupación de nuevos territorios; potenciar la participación de la ciudadanía para acercar la Administración a las necesidades de las personas y fortalecer los procesos democráticos e igualdad.

Así, el objetivo central del urbanismo actual se presenta en términos de **sostenibilidad,** entendida esta como un equilibrio entre objetivos de eficiencia económica, equidad o justicia social, y conservación o protección del medio ambiente.

La noción de sostenibilidad aparece estrechamente vinculada a la noción de **calidad de vida,** que también reúne aspectos económicos, sociales y ambientales. La calidad de vida se refiere al bienestar de las personas, es decir, al grado en que las personas o grupos que componen una población pueden satisfacer sus necesidades y aspiraciones.

Por su parte, la **participación** aparece como una exigencia frente a dos factores cada vez más relevantes, uno de orden político y otro de orden técnico: la insuficiencia y limitaciones de la democracia representativa, y las limitaciones del conocimiento técnico-profesional, incluyendo el reconocimiento de que la técnica no es neutra en cuestiones de valores.

Los objetivos de la calidad de vida, el desarrollo sostenible, la participación ciudadana y la promoción de la igualdad entre mujeres y hombres, grupos desfavorecidos y excluidos aparecen repetidamente en los textos legales y en las **memorias justificativas de los planes de urbanismo.** Sin embargo, con frecuencia aparecen más como una declaración retórica de intenciones que como un objetivo traducido en acciones, planes, programas y proyectos concretos.

En una sociedad dada, la calidad de vida no es la misma para todas las personas: distintos grupos sociales, sea por su nivel de renta, edad, sexo, raza o lugar de residencia (el campo frente a la ciudad), tienen diferentes necesidades y distintas posibilidades de acceso a los recursos y a los bienes sociales, ambientales y económicos que posibilitan el bienestar personal. No todas las personas tienen la misma voz en los procesos de toma de decisiones ni la misma capacidad de hacer ver y valorar sus necesidades. Por ello, hablar de calidad de vida para todas las personas exige primero conocer las necesidades y aspiraciones diferenciales de la población según el género, la edad, la etnia y el nivel de renta; en segundo lugar, exige definir las políticas adecuadas para generar una distribución más equitativa de bienes y recursos; y, por último, diseñar las herramientas o instrumentos que permitan poner en práctica esas políticas.

4.5.1. Transporte

La evidencia empírica muestra en todos los países una tasa de utilización del transporte privado más alta entre los hombres y una tasa de utilización de los desplazamientos a pie y en transporte público más alta entre las mujeres. Esto es en gran parte una consecuencia de la **menor capacidad económica de las mujeres,** que no les permite disponer de coche propio. Además, cuando en una familia hay un solo coche, es el hombre quien lo utiliza normalmente a diario. Al tener que desplazarse mayoritariamente en transporte público y a pie, las mujeres se pueden ver obligadas a cambiar de modo de transporte con más frecuencia y por ello son más **dependientes de la localización y la calidad de los intercambiadores de transporte.**

Figura 4.9. La marcada disparidad de género en el sector del transporte ha sido una realidad arraigada durante décadas.

El **Observatorio de Igualdad de Transportes** (Ministerio de Transportes y Movilidad Sostenible) pretende alcanzar dos propósitos: investigar —revisar, describir, caracterizar, evaluar, discutir, cuestionar, sugerir— la situación de la mujer en el Departamento, e informar a los empleados/as y a la sociedad de hallazgos que se producen en materia de igualdad de género. De esta forma, pretende ser una herramienta de apoyo para la toma de decisiones y definición de actuaciones para la transformación de la organización.

Para ello, el Observatorio se encarga de las siguientes funciones:

1. Obtención y procesamiento de datos relativos a la igualdad en el ámbito de transportes, que permita disponer de un repositorio actualizado y sistematizado de información con distintos niveles de desagregación (sexo, edad, situación laboral, etcétera).

2. Elaboración de estadísticas, diagnósticos y estudios.

3. Difusión de la información en materia de igualdad de género en su ámbito.

4. En general, constituir una herramienta de apoyo para formulación de propuestas y toma de decisiones dirigidas a avanzar en la consecución de la igualdad real y efectiva en transportes.

4.5.2. Espacio público y seguridad

La **calidad y la seguridad del espacio público** son fundamentales para las mujeres, la población de más edad y la infantil, tres grupos que realizan una gran cantidad de desplazamientos a pie en el espacio próximo, que utilizan el espacio público para desplazarse pero también como lugar de ocio y ejercicio.

Un **entorno amable, seguro y de calidad** fomenta un mayor uso del espacio público, así como las posibilidades de interacción social en el barrio. En el caso de las mujeres un entorno urbano que no permita transitar con un coche de bebé hace la vida muy difícil; un entorno inseguro inhibe sus movimientos en el espacio urbano. La mejora de las condiciones de autonomía de las personas mayores y menores redunda en beneficio de las mujeres, que son quienes en caso contrario se ocupan de ellas.

El espacio público inmediato del barrio cumple en el caso de las mujeres y de las personas mayores otro papel esencial, que es el de la posibilidad de la interacción social espontánea, base para el desarrollo de una red de relaciones sociales de ayuda y de apoyo. Una red de vecindad, amistades o familiares en el barrio permite disponer de ayuda práctica y de apoyo emocional en momentos determinados. Permite, por ejemplo, organizar y compartir el cuidado de las personas dependientes. De ahí se deriva la grandísima importancia de disponer de lugares de encuentro ocasional y regular, donde poder entablar conocimiento y amistad: por ejemplo, tiendas de barrio, plazas, calles, lugares de encuentro formal o informal, clubs, cafés, etc. Estos lugares deben encontrarse en proximidad de la vivienda y ser de fácil acceso tanto física como económicamente.

Sin embargo, el urbanismo actual no facilita ninguna de estas actividades, por razones de inseguridad, de inaccesibilidad o por inexistencia de servicios y equipamientos de proximidad. Las soluciones, como la moderación del tráfico, una mejor ordenación de cruces y aceras, el cuidado por la visibilidad y la iluminación, y una reducción del transporte privado en favor del público, son bien conocidas pero poco aplicadas.

La **seguridad** es una condición básica de la calidad de vida porque es una necesidad corporal elemental. La seguridad incluye la protección frente a la agresión física, el mantenimiento de la privacidad y la posibilidad de reducir las amenazas psíquicas de otras personas. Se trata de una necesidad elemental sobre la que se sustentan otras necesidades, casi tan básica como la de alimento y cobijo, y sin la cual no es posible pensar en satisfacer las otras necesidades más prescindibles, como las sociales o de autorrealización, que conducen a la calidad de vida.

4.5.3. Vivienda

También en la vivienda existen grandes diferencias entre hombres y mujeres. Las principales diferencias se refieren, por un lado, a la **accesibilidad a su uso y disfrute,** y a la **forma de tenencia** en relación con esta, y, por otro, a **factores de tipo cualitativo,** como la localización, la distribución interior, las características de su entorno inmediato o las tipologías.

A consecuencia de su menor capacidad económica, incluso cuando trabajan, derivada de su concentración en empleos poco remunerados y a tiempo parcial, de salarios menores por igual trabajo, y de las pensiones bajas, las mujeres sin pareja tienen menos opciones de vivienda que la mayoría de los hombres.

Los hogares encabezados por mujeres tienen por ello muchas más posibilidades de vivir en viviendas subestándar o en viviendas en las peores localizaciones, lejos de los servicios.

Figura 4.10. La carestía de la vivienda perjudica especialmente a las mujeres, que se ven forzadas a realizar viajes más largos e incómodos para llegar a los lugares de empleo y a los servicios.

Estas dificultades económicas de acceso a un bien básico como es la vivienda obstaculiza a su vez el acceso físico de las mujeres al empleo y a los servicios porque reducen sus posibilidades de elegir donde vivir: dado que las viviendas con buena accesibilidad a los servicios y al empleo tienen un mayor coste, las mujeres tienen menor capacidad de acceder a viviendas bien situadas.

Dado que ellas realizan más viajes, por las razones ya explicadas, se ven doblemente perjudicadas: la carestía de la vivienda afecta no solo a sus posibilidades de alojamiento, sino también a las de acceso al empleo y al ocio.

4.5.4. Actividad económica

La cuestión del empleo es clave porque es precisamente la **necesidad de compatibilizar empleo y familia,** una responsabilidad que hasta ahora recae prácticamente en exclusiva sobre las mujeres, el rasgo fundamental que caracteriza las divisiones de género que, como se ha repetido, se ve dificultado por la estructura contemporánea de las ciudades.

Las mujeres se han incorporado al mundo laboral en un momento de cambio en el mundo del trabajo: incremento de los empleos a tiempo parcial, ampliación de los horarios comerciales los fines de semana y por la noche, incremento de los empleos nocturnos o de madrugada, inseguridad laboral y crecimiento de empleos poco remunerados en el sector servicios. Los horarios de los servicios, como el transporte, los colegios, la sanidad, etc., no siempre se han adaptado a estas transformaciones en el ámbito laboral. Esta descoordinación y rigidez de los horarios perjudica en mayor medida a las mujeres que son quienes más uso hacen de estos servicios.

Esta incorporación de las mujeres al trabajo remunerado choca con una realidad urbana pensada para una división sexual del trabajo, con espacios específicos para el empleo, espacios específicos para la vida doméstica, transporte basado en el vehículo privado, ausencia de equipamientos para el cuidado de personas dependientes, pequeño comercio de barrio a punto de desaparecer y escasez de pequeños equipamientos de proximidad que faciliten la creación de redes de apoyo informal entre amistades, vecindad y mujeres en situación similar.

En ausencia de una estructura urbana y de unos servicios urbanos que faciliten la conciliación de vida laboral y vida familiar, las mujeres españolas se han incorporado al trabajo remunerado gracias, en gran parte, al apoyo de sus madres, que están criando a las nuevas generaciones. Lo han hecho también a costa de un gran descenso de la natalidad, a pesar de que muchas quisieran tener más descendencia no se lo pueden permitir, ni en términos de trabajo, ni en términos económicos. Lo cierto es que el deseo de tener hijos de las mujeres que hoy están en edad reproductiva es el mismo que manifestaron sus madres décadas atrás. La diferencia es que entonces se tenían y hoy muchas mujeres se quedan solo con el deseo.

Las mujeres tienen mayor dificultad en acceder a empleos que no estén próximos a sus domicilios porque, al recaer sobre ellas la mayor parte de las tareas del hogar, a menudo se ven obligadas a aceptar empleos cerca de sus casas. Esto limita seriamente sus opciones laborales y de desarrollo profesional, al verse forzadas a decidir sobre su vida laboral en función de la localización del empleo y no en función de cómo ese empleo se adecúa a su formación o le permite avanzar en su carrera profesional. Si no tienen cerca a su madre o no tienen capacidad económica para pagar el servicio doméstico o la guardería, suponiendo que la hubiera, se ven obligadas a elegir entre la maternidad y el trabajo remunerado.

La ausencia de equipamientos para el cuidado de personas dependientes excluye a muchas mujeres del mercado laboral. Todos estos factores contribuyen a reforzar la poca capacidad económica de las mujeres, que a su vez refuerza en un círculo vicioso su capacidad de acceder al empleo, al impedirles reducir su carga de trabajo en el ámbito doméstico.

Figura 4.11. Un alto porcentaje de las mujeres considera la maternidad un obstáculo para su carrera profesional y otro gran porcentaje abandona para siempre su empleo después de tener hijas/hijos.

4.5.5. Equipamientos, comercio, ocio

El tema de qué se considera equipamiento y qué no es un asunto complejo que requeriría una revisión a fondo de nociones asumidas en la práctica urbanística y en la organización de una sociedad todavía patriarcal. Por ejemplo, desde el punto de vista de las mujeres, los establecimientos de barrio donde realizar la compra cotidiana de alimentos tienen más en común con los equipamientos convencionales que con otros establecimientos comerciales de uso más ocasional y de los cuales se obtiene un rendimiento económico mucho mayor.

Desde el punto de vista del género conviene hacer dos distinciones. La primera, según el **tipo de equipamientos**. La segunda, según el **uso que se hace de esos equipamientos,** distinguiendo entre el uso propio y el uso como acompañante de otras personas que carecen de la autonomía personal para moverse solas en el espacio urbano:

1. Los equipamientos tradicionales —educación, sanidad, cultura, ocio, deporte— que responden a derechos o necesidades reconocidos como tales.

2. Los nuevos equipamientos necesarios para facilitar la conciliación de vida laboral y familiar —cuidado de personas dependientes, fundamentalmente— que cubren necesidades que todavía no han sido asumidas como una responsabilidad social.

El uso propio de los equipamientos en contraposición al uso acompañando a otras personas es una variable que permite explicar las diferencias de género en lo referente al acceso y al uso de los equipamientos. Es una variable fundamental porque el uso acompañando a otras personas multiplica el número de viajes, con periodicidades y horarios fijos.

4.6. IMPLANTACIÓN DE PROYECTOS DE IGUALDAD EN FUNCIÓN DEL CONTEXTO ESPECÍFICO DONDE SE INTERVENGA

Un **proyecto** es *un documento que delimita aquellas acciones que se pretenden llevar a cabo detallando todos aquellos aspectos de la realidad que se desean cambiar para conseguir unos objetivos concretos.* Es, por tanto, un instrumento clave en el desarrollo de cualquier entidad que preste servicios en el ámbito de lo social.

Un buen diseño de proyecto debe al menos tener en cuenta los siguientes requisitos:

• Motivos por los que se necesita realizar (fundamentación).

• Qué se espera obtener (objetivos).

• A quién va dirigido (personas beneficiarias directas e indirectas).

• Planteamiento de acciones pertinentes (actividades).

• Qué se necesita para lograr el objetivo (recursos).

• Tiempo establecido para lograr los objetivos (calendario).

Es fundamental que los proyectos adopten un **enfoque de género,** pues determina una nueva manera de ver y de afrontar la realidad, un nuevo punto de vista que tiene en cuenta las particularidades, similitudes y diferencias entre hombres y mujeres en cualquier actividad o ámbito.

La perspectiva de género supone:

1. Una **herramienta de diagnóstico,** pues permite conocer mejor la vida de las personas, así como también sus problemas y necesidades.

2. Una **herramienta de intervención estratégica,** es decir, permite adaptar las intervenciones y actuar con el objetivo de promover una mayor igualdad entre hombres y mujeres.

Figura 4.12. Todos los proyectos de igualdad deben contar con un diseño detallado.

El objetivo último del enfoque de género es, por tanto, **contribuir a mejorar la sociedad,** igualando las posiciones de mujeres y hombres en todos los aspectos de la vida social.

En la elaboración de un **proyecto con perspectiva de género** es necesario seguir una serie de **fases** interrelacionadas entre sí:

- **Fase de diagnóstico:** en esta fase se identifican los problemas y necesidades que presenta una comunidad o grupo; asimismo, también se jerarquizan en base a cuáles de ellos constituyen una prioridad. En esta recogida de datos es necesario tener en cuenta:

    — Obtener datos desagregados por sexo, es decir, teniendo en cuenta la diversidad que existe en la población.

    — Identificar las diferencias de género y analizar las causas de las diferencias, valorando las causas sociales generadoras de estos desequilibrios.

- **Fase de planificación y ejecución:** se plantea un objetivo que se conseguirá gracias a las actuaciones que se han programado y se ejecutarán.

- **Fase de evaluación:** se valorarán los resultados obtenidos y cuestiones relevantes como la metodología utilizada, las actividades, los recursos, el presupuesto, etc. Algunos de los aspectos que se evaluarán en un proyecto son:

  — Adecuación: se analizará si el proyecto ha identificado los problemas y necesidades.

  — Eficacia: es decir, si se han cumplido los objetivos del proyecto.

  — Eficiencia: se refiere a la relación entre los resultados que se han obtenido y los recursos que se han empleado.

  — Impacto: cuando una acción de desarrollo se promueve adecuadamente a través de objetivos, resultados, actividades, etc. tiene un impacto positivo en las relaciones de género.

  — Sostenibilidad: la duración de todo lo que se ha conseguido dependerá del interés y voluntad de todas las personas que se han involucrado en el proyecto.

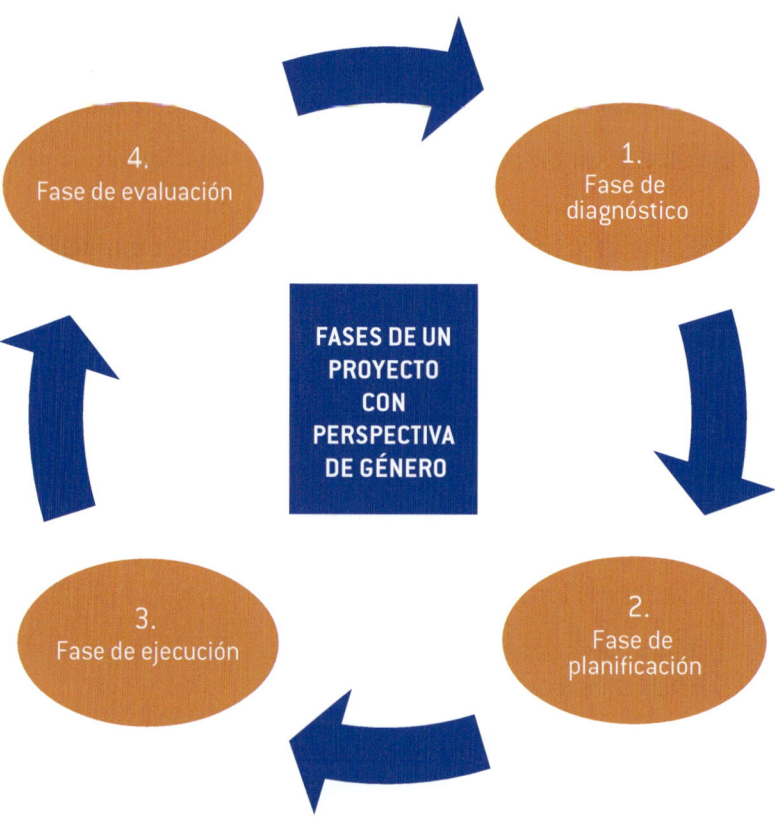

Figura 4.13. Las fases de un proyecto basado en la perspectiva de género.

A continuación, se presentan los **pasos** necesarios para elaborar un proyecto:

Figura 4.14. Pasos que hay que seguir para elaborar correctamente un proyecto basado en la perspectiva de género.

Completando la información anterior, desde el Instituto de las Mujeres se aporta información concreta respecto a proyectos y actividades:

«Los últimos años, la sociedad española ha vivido un significativo incremento de mujeres que cursan estudios en todos los niveles educativos. Y aunque ello supone un logro indudable, esta evolución debe continuar en la educación para que las mujeres encuentren respuestas adecuadas a sus demandas y al logro de la igualdad de oportunidades. Para ello es imprescindible seguir trabajando en todos los estamentos y en todos los niveles para mejorar objetivos, contenidos, metodología, evaluación, materiales didácticos y formación del profesorado.

El Instituto de las Mujeres está comprometido con el objetivo de lograr la igualdad de oportunidades en el ámbito educativo, en colaboración con las Administraciones competentes y buscando responder a los intereses y necesidades de las mujeres, promoviendo proyectos educativos y colaborando con diversas instituciones en la realización de actividades educativas y de promoción de la igualdad».

Figura 4.15. Uno de los objetivos del Instituto de las Mujeres es visibilizar la aportación histórica de las mujeres en todos los ámbitos de la sociedad.

Los principales **proyectos** y **actividades** desarrollados por el Instituto en este ámbito son los siguientes:

Proyectos

- **Proyecto Plurales:** está configurado en el marco de cooperación establecido entre los países donantes del Espacio Económico Europeo (EEA) y el Gobierno de España. Se ha planteado, por parte del Instituto de las Mujeres, en un marco de colaboración con el Ministerio de Educación, Formación Profesional y Deportes a través del Centro Nacional de Investigación e Innovación Educativa (CNIIE) y las comunidades autónomas. El Proyecto pretende proporcionar una herramienta práctica que facilite incorporar cambios en el modelo educativo, de forma que este permita desarrollar e implementar Planes de Igualdad en las escuelas, favoreciendo cambios, tanto en los modelos organizativos como en los proyectos educativos, que garanticen la igualdad de oportunidades de los alumnos y las alumnas.

- **Proyecto Intercambia:** iniciado en el año 2005 con el objetivo de compartir experiencias, proyectos, materiales educativos y acciones destacadas e innovadoras sobre igualdad de oportunidades, desarrollados por los Organismos de Igualdad y las Consejerías de Educación de las diferentes comunidades autónomas.

- **Programa Irene:** una de las manifestaciones más brutales de violencia de género es la violencia sexual. Para frenar este problema debemos actuar en todos los ámbitos, pero en particular, en el de la información, la formación y la prevención en jóvenes y adolescentes. El programa Irene pretende avanzar en esa dirección, para que jóvenes y adolescentes conozcan el significado de una agresión sexual, por qué se produce, la actitud ante este tipo de delitos y el conocimiento de los recursos con que se cuenta y cómo utilizarlos.

- **Proyecto Relaciona, de formación del profesorado:** el proyecto Relaciona es una iniciativa del Instituto de las Mujeres, en colaboración con las Administraciones autonómicas implicadas, que se enmarca en la búsqueda de una sociedad más igualitaria. Este proyecto está cofinanciado por el Fondo Social Europeo dentro del programa operativo «Lucha contra la discriminación». El programa se lleva desarrollando desde 1999 y su objetivo es promover la reflexión sobre la convivencia social y la superación de la violencia de género en los centros educativos, y apoyar acciones de educación en igualdad dirigidas en este sentido. Para llevar a cabo el proyecto, el Instituto habilita un equipo de asesoras que se desplazan a los centros, coordinando, con el personal responsable, el desarrollo de la actividad y aportando materiales didácticos. El Organismo de Igualdad de cada comunidad, en colaboración con la Consejería de Educación correspondiente, selecciona los centros y gestiona la certificación de la formación del profesorado.

- **Proyecto materiales didácticos para la educación en igualdad:** publicaciones, dirigidas al profesorado, padres y madres, y alumnado para su utilización en actividades de formación de profesionales y en aulas de distintos niveles educativos.

Actividades

- Actividades de educación en igualdad con asociaciones de madres y padres.

- Actividades para promover el ejercicio físico y la práctica deportiva.

- Actividades de promoción de la educación de mujeres adultas y su incorporación a las nuevas tecnologías.

- Actividades para promoción de las mujeres en órganos directivos.

- Actividades para promoción de las mujeres y de sensibilización y formación en el ámbito educativo.

- Actividades para promover la igualdad entre mujeres y hombres en el acceso a la sociedad de la información.

- Actividades de seguimiento de mujeres en la educación.

- Cursos *online* de coeducación: dos sexos en un solo mundo.

ACTIVIDAD FORMATIVA

Explica brevemente qué entendemos por el derecho a la salud, así como las libertades y derechos que este mismo abarca.

ACTIVIDADES FINALES

De comprobación

4.1. **Según la OMS, el derecho de las personas de controlar su salud y su cuerpo se considera...**

    a) Una libertad.

    b) Un derecho de salud.

    c) Una libertad comprometida a un derecho de salud.

4.2. **Según la OMS, el acceso a un sistema de protección de la salud se considera...**

    a) Una libertad.

    b) Un derecho.

    c) Una libertad comprometida a un derecho de salud.

4.3. **¿Qué tipo de principio hace referencia al hecho de que «los establecimientos, bienes y servicios de salud deberán ser apropiados desde el punto de vista científico y médico y ser de buena calidad»?**

    a) Discriminación.

    b) Calidad.

    c) Aceptabilidad.

4.4. **¿Qué tipo de principio hace referencia al hecho de que «todos los establecimientos, bienes y servicios de salud deberán ser respetuosos de la ética médica y culturalmente apropiados, y sensibles a las necesidades propias de cada sexo y del ciclo vital»?**

    a) Discriminación.

    b) Calidad.

    c) Aceptabilidad.

4.5. **Según la OMS, las normas, los roles y las relaciones vinculados con el género pueden influir en los resultados sanitarios y afectar la consecución de la salud y el bienestar mental, físico y social.**

    a) Cierto.

    b) Falso.

    c) Relativamente cierto.

4.6. ¿Cuál de las siguientes opciones es correcta?

a) La equidad es el resultado, la igualdad es el medio.

b) La equidad es el medio, la igualdad es el resultado.

c) La equidad y la igualdad son el medio.

4.7. La equidad de género exige...

a) Un cambio transformador.

b) Un cambio mediacional.

c) Un cambio finalista.

4.8. ¿Cuál de los siguientes proyectos ha sido desarrollado por el Instituto de las Mujeres?

a) Programa Irene.

b) Proyecto Plurales.

c) Las dos respuestas anteriores son correctas.

4.9. ¿Cómo se asegura el desarrollo de una sexualidad saludable?

a) Es fundamental que los derechos sexuales de las personas sean reconocidos y defendidos por todas las sociedades con todos sus medios.

b) Es fundamental que los derechos sexuales de las personas sean reconocidos, promovidos, respetados y defendidos por todas las sociedades con todos sus medios.

c) Es fundamental que los derechos sexuales de las personas sean reconocidos, promovidos, influenciados y defendidos por todas las sociedades con todos sus medios.

4.10. Según la OMS, ¿cuál de los siguientes enunciados es correcto?

a) El desarrollo de programas sanitarios sensibles a las cuestiones de género que son aplicados adecuadamente es beneficioso para los hombres, las mujeres, los niños y las niñas.

b) Afrontar la desigualdad de género mejora el acceso a los servicios de salud y los beneficios que estos ofrecen.

c) Las dos respuestas anteriores son correctas.

De ampliación

4.1. Define el término salud sexual.

4.2. Explica los pasos necesarios para elaborar un proyecto.

Los grandes cambios siempre vienen acompañados de una fuerte sacudida.

No es el fin del mundo, es el inicio de uno nuevo.